utb 5555

Eine Arbeitsgemeinschaft der Verlage

Böhlau Verlag · Wien · Köln · Weimar
Verlag Barbara Budrich · Opladen · Toronto
facultas · Wien
Wilhelm Fink · Paderborn
Narr Francke Attempto Verlag / expert Verlag · Tübingen
Haupt Verlag · Bern
Verlag Julius Klinkhardt · Bad Heilbrunn
Mohr Siebeck · Tübingen
Ernst Reinhardt Verlag · München
Ferdinand Schöningh · Paderborn
transcript Verlag · Bielefeld
Eugen Ulmer Verlag · Stuttgart
UVK Verlag · München
Vandenhoeck & Ruprecht · Göttingen
Waxmann · Münster · New York
wbv Publikation · Bielefeld

50 Jahre utb

Gemeinsam für Studium und Lehre

UTB GmbH Stuttgart

Redaktion: Lisa Schmid und Susanne Ziegler unter Mitarbeit von Heike Schmidt-Langer
Layout & Grafik: Stephanie Henke
Einbandgestaltung: Atelier Reichert, Stuttgart
Coverabbildung: © peterschreiber.media – stock.adobe.com

UTB GmbH | Industriestr. 2 | 70565 Stuttgart | Tel. 0711-78295550
www.utb.de | www. utb-shop.de

UTB-Nr. 5555
ISBN 978-3-8252-5555-8

Inhaltsverzeichnis

Vorwort Jörg Platiel 6

Grußwort Reinhilde Rösch 8

Geleitwort der Gründer Wulf D. von Lucius und Roland Ulmer 10

Interview mit den Gründern 12

Der „Jubiläums-Beirat“ Barbara Budrich und Matthias Ulmer 16

Geschichte: 50 Jahre utb 22

- Geschäftsführung 1970–1998 Volkmar Kalki 24
- Geschäftsführung 1999–2009 Volker Hühn 40
- Geschäftsführung 2010–2014 Bertram Salzmann 48
- Gesellschafterverlage seit 1970 51
- Geschäftsführung seit 2014 Jörg Platiel 54
- Landkarte Gesellschafterverlage 57

Die Gesellschafterverlage stellen sich vor 58

Damals und heute: Herstellung 68

Damals und heute: Vertrieb 72

Präsentation in Bildern 76

Auslieferungen 78

Bestseller 80

Damals und heute: Marketing 82

Damals und heute: Werbemittel 91

Social Media-Challenge #meinerstesutb 97

Team 102

Damals und heute: Gesellschafter*innen 103

Anhang 104

Ein halbes Jahrhundert utb

Ein Faktum, das auf den ersten Blick erst einmal kaum glaubhaft erscheinen mag. Denn das Kooperationskonzept, das die utb seit ihrer Gründung prägt, wirkt so zeitgemäß und modern, dass dieser runde Geburtstag fast unrealistisch erscheint. Anders gewendet: Wenn die Verlagsgemeinschaft, die im Dezember 1970 als „Uni-Taschenbücher GmbH Stuttgart" das Licht der Welt erblickte, nicht bereits vor 50 Jahren gegründet worden wäre, dann müsste sie spätestens jetzt erfunden werden. Denn was könnte eine passendere Antwort auf die Herausforderungen des Wissenschaftsbetriebs des 21. Jahrhunderts sein als dieser Zusammenschluss unabhängiger mittelständischer Fachverlage?

In dem für unabhängige Verlage schon damals schwierigen Umfeld ging die utb von Anfang an mit dem Einfallsreichtum und der Widerständigkeit eines „kleinen gallischen Dorfs" ihre eigenen Wege. Themen wie Schwarmintelligenz, Crowdfunding und firmenübergreifende Kooperationsmodelle beeinflussen in fortschrittlichen Unternehmensbereichen zunehmend die Gegenwart des 21. Jahrhunderts. Auch wenn das Vokabular den Gründungsvätern der utb zeitbedingt noch keineswegs geläufig war. Im Kern waren es genau diese Ideen, die der utb bereits in ihrer Gründungs-DNA eingeschrieben waren und die utb-Kultur bis zum heutigen Tag prägten und prägen.
Auch in anderen Bereichen bewiesen die Gründer der utb Weitblick: Von Anfang an war es ein besonderes Anliegen, den Kund*innen das vermittelte Wissen in der jeweils professionellsten und effektivsten Form anbieten zu können. So geläufig das namensgebende universitäre Taschenbuch auch heute erscheinen mag, in den sechziger Jahren des vorigen Jahrhunderts war gerade dieses Format eine nicht zu unterschätzende Innovation und in Verbindung mit dem programmatischen Rot, das damals noch ein echtes Alleinstellungsmerkmal war, zugleich ein starker Markenauftritt. Die roten Bände unter dem Label utb sind aus dem Lehrbetrieb der deutschsprachigen Universitäten und Fachhochschulen in Deutschland, Österreich, Italien und der Schweiz nicht mehr wegzudenken.
Stets am Puls der Zeit ist es alleine beim Taschenbuch-Format nicht geblieben. Längst bietet die utb je nach Fachgebiet und Anforderungsprofil akademisches Wissen in höchst unterschiedlichen Formaten. Dass dabei digitale Formate wie E-Books und E-Learning nicht zu kurz kommen, ist ebenso selbstverständlich, wie dass das „Ende der Gutenberg-Galaxis", das ja bereits vor Jahrzehnten apostrophiert wurde, genau soweit berücksichtigt wird, wie es dem jeweils aktuellen Stand der Forschung und den Bedürfnissen der Zielgruppen ent-

spricht. Dass pünktlich zum 50-jährigen Firmenjubiläum nun ein ambitioniertes Plattform-Projekt zur Gestaltung der Zukunft der Verlagsgemeinschaft auf die Rampe geschoben werden konnte, ist in diesem Zusammenhang kein Zufall.

„Verbunden werden auch die Kleinen mächtig.“ Frei nach dem Ausspruch, den Friedrich Schiller im gleichnamigen Drama seinem Protagonisten Wilhelm Tell in den Mund legt, verfolgt die utb ihr Ziel, sich neben den Konzernverlagen mit internationalem Zuschnitt als unabhängige vierte Kraft im deutschsprachigen Wissenschafts- und Lehrbetrieb zu etablieren.

Als derzeit amtierender Geschäftsführer wünsche ich der utb gutes Gelingen bei den zahlreichen Herausforderungen der Zukunft. Mit dem Willen und dem Vermögen zu steter Erneuerung und dem Mut, sich im Geist der utb immer wieder neu zu erfinden, ist es mir dabei um deren Zukunft keineswegs bange.

So erhebe ich das Glas, wünsche weiterhin viel von dem unternehmerischen Geist, der die Gemeinschaft in den vergangenen 50 Jahren so nachhaltig und erfolgreich geprägt hat, wünsche ad multos annos – und sage „auf gehts“ in die nächsten Runden.

Ihr Jörg Platiel

Grußwort

„Weil regelmäßig die Verleger ihre Tätigkeit mit dem Wort „Verlag" kennzeichnen, erkennen die beteiligten Verkehrskreise, dass eine buchhändlerische Firma ohne den Zusatz „Verlag" o.ä. eine vertreibende Tätigkeit ausübt. [...] Bei der Firmierung „Uni-Taschenbücher GmbH" ist es daher nach unserer Auffassung so, daß die Gesellschaft sich aufgrund dieses Namens als vertreibende Gesellschaft ausweist."

So schön wird die geplante Geschäftstätigkeit des neuen Unternehmens vom Verband der Verlage und Buchhandlungen in Baden-Württemberg definiert. Der Auszug ist aus einem Schreiben vom 3. April 1971 und er diente der Vorlage beim Registergericht. Er lässt ahnen, wie neu und erklärungsbedürftig das Geschäftsmodell von utb bei seiner Gründung war. Man will gerade kein Verlag sein, ist natürlich auch keine Buchhandlung, aber Bindeglied und vollwertiger Teil der Buchbranche. Entsprechend schwer tat sich auch der Börsenverein des Deutschen Buchhandels mit der Einordnung in die berühmten drei Sparten – Verlag, Buchhandel, Zwischenbuchhandel? Nun ja, es ist gelungen, denn seit nunmehr 48 Jahren ist utb auch unser Mitglied.

Dabei war der Gedanke so einfach: Durch Kooperation gewinnen mittelgroße Verlage mehr Schlagkraft, sie kreieren eine starke Marke und einen gemeinsamen Vertriebskanal, um damit neue Märkte zu erobern und mehr Marktpräsenz zu erreichen. Mit heutigem Wissen klingt das wie aus dem Lehrbuch des Marketing-Experten. Zu Beginn der 1970er Jahre hielten viele das Konzept für undurchführbar. Aber utb und die dahinterstehenden Gesellschafterverlage haben bewiesen, dass diese Idee funktioniert und mehr noch, sie haben es zu einer Erfolgsgeschichte gemacht. Sie haben den Schritt ins Unbekannte gewagt, dabei gelernt und viel gewonnen. Auch wenn bereits seit einigen Jahren der Untergang der Studienliteratur vorhergesagt wird – und mit Open Access auf Hochschulservern, Kopierfreiheit für Semesterapparate und DEAL von der öffentlichen Hand scheinbar alles dafür getan wird, das zu beschleunigen – kann utb sich noch stets behaupten. Mit studi-e-book oder scholars-e-library hat utb neue digitale Formate entwickelt, die sich den veränderten Bedürfnissen von Studierenden, Lehrern und Bibliotheken anpassen. Ich bin überzeugt, die Grundprinzipien von utb „Kooperation" und „starke Marke" sind auch hervorragend dazu geeignet, weitere neue, digitale Märkte zu erobern. Ich wünsche unserem Mitglied utb, den Mitarbeitern wie auch allen Gesellschafterverlagen alles Gute und weiter viel Erfolg für die Zukunft.

Reinhilde Rösch, Geschäftsführerin
Börsenverein des Deutschen Buchhandels,
Landesverband Baden-Württemberg e.V.

Als wir vor 50 Jahren zusammen die ersten Überlegungen für eine von mittelständischen wissenschaftlichen Verlagen gemeinsam betriebene Taschenbuchreihe entwarfen, hätten wir wohl kaum geahnt, dass dieses Projekt eine solche Tragfähigkeit haben würde. Dass es noch heute lebendig und erfolgreich ist und damit das langlebigste Gemeinschaftsunternehmen der deutschen Buchgeschichte, freut uns sehr.
Der Erfolg stellte sich schon rasch nach der Gründung sehr eindrucksvoll ein: Bald war die „Rote Reihe“ zu einem Begriff für qualitätvolle und preiswerte Lehrbücher geworden – nicht wenige Buchhandlungen arrangierten ganze rote Wände mit utb-Bänden. Dass die Idee auflagenstarker preiswerter Lehrbücher einen so durchschlagenden Erfolg hatte, lag nicht zuletzt auch an der in diesen Jahren steil ansteigenden Zahl der Studierenden: Die utb-Idee erfüllte zur rechten Zeit ein Marktbedürfnis.

Dass die utb über fünf Jahrzehnte unter stetig sich verändernden Herausforderungen am Buchmarkt bestehen konnte, liegt wohl an zwei entscheidenden Faktoren: Zum einen wurde die Gründung von gut miteinander bekannten, teils sogar freundschaftlich verbundenen Verlegern getragen, die in eigener Entscheidungskompetenz die notwendigen Entschlüsse umsetzen konnten, ohne dass ein Gestrüpp von Mitwirkungsberechtigten überwunden werden musste. Die meisten der Gründer und auch die heutigen Gesellschafter sind Mitglieder in der seit den 20er Jahren des 20. Jahrhunderts bestehenden Arbeitsgemeinschaft wissenschaftlicher Verleger (AwV), in der seit eh und je ein kollegialer Arbeitsstil und Zusammenhalt gepflegt wurde.

> „Bereitschaft zur Fortentwicklung und zum unternehmerischen Experiment

Der zweite Grund, dass die utb bis heute so lebenskräftig geblieben ist, liegt in ihrer steten Bereitschaft zur Fortentwicklung und zum unternehmerischen Experiment. Sehr Vieles hat sich gegenüber den ersten Jahren verändert: Buchformate, Gestaltung, Kostenabrechnungssysteme, Koordinationsformen im Programm. Viele Neuerungen waren erfolgreich, nicht wenige wurden modifiziert oder auch wieder eingestellt. Zudem war die Gemeinschaft immer flexibel hinsichtlich ihrer Mitglieder: Sie umfasst den gesamten deutschsprachigen Raum und alle akademischen Fachbereiche ohne Konkurrenzbefürchtungen unter den Mitgliedern. Sie war immer offen für Mitgliedsgesuche, auch wenn nicht alle Vorgespräche erfolgreich waren und sie hatte faire Regelungen für das Ausscheiden von Gesellschaftern.
Als Vertriebsgemeinschaft für Taschenbücher begonnen – einer Buchform, die da-

mals für die meisten wissenschaftlichen Verlage Neuland bedeutete – ist utb heute zu wesentlichen Teilen mit der Durchsetzung der Inhalte im Digitalbereich befasst, wieder einer Herausforderung, die der einzelne wissenschaftliche Verlag allein kaum bewältigen könnte. Es ist gut für unser Gemeinschaftsprojekt, dass uns die Probleme nicht ausgehen, die man besser gemeinsam anpackt: Zum Wohl nicht nur der eigenen Häuser, sondern auch der Autoren, denen so größere Reichweiten verschafft werden können und der Nutzer, die preisgünstig und gebündelt versorgt werden.

n diesem Sinne wünschen wir beiden Uräter unserer Gründung weitere Jahrzehnte es Markterfolgs, getragen von kollegialer ɔoperation.

Wulf D. von Lucius | Roland Ulmer

Fragen an die beiden utb-„Erfinder“ Wulf D. von Lucius und Roland Ulmer zum 50-jährigen Bestehen der utb

Wenn wir uns das legendäre „abendliche Kamingespräch“ im Frühherbst 1970 nochmals vor Augen führen, bei dem der Grundgedanke der utb geboren wurde: Was waren Ihre persönlichen oder firmeninternen Beweggründe für diese Erfindung?

von Lucius: Die Jahre um 1970 waren Jahre großer Unruhe und steigender Studierendenzahlen in vielen Bereichen, gerade auch im Bildungsbereich – das Verlangen nach preiswerten Lehrbuchangeboten wurde immer deutlicher, und es gab sowohl im Fischer Taschenbuchverlag wie auch bei Rowohlt Initiativen zur Gründung wissenschaftlicher Taschenbuchreihen. Bezüglich der Inhalte fühlten sich die Gründerverlage im Wettbewerb bestens gerüstet, nicht aber bezüglich der Vertriebsnotwendigkeiten in diesem Bereich. Für alle Verlage waren die geplanten Taschenbücher zudem nur ein kleiner Umsatzanteil, und so konnte die notwendige Startmasse für eine effiziente vertriebliche Durchdringung nur durch eine Kooperation mit Lehrbüchern für alle Fachbereiche gelöst werden.

Ulmer: Ich wollte akademische Lehrbücher verlegen. Unser Verlag war aber noch nicht für diesen Markt vorbereitet.

Als Sie auf der Buchmesse 1970 die ersten Kontaktgespräche mit anderen Verlagen führten – wie waren die Reaktionen? Gab es auch Ablehnung und Unverständnis für solch eine Idee, oder waren alle gleich Feuer und Flamme?

von Lucius: Ganz erstaunlich war, dass praktisch alle angesprochenen Verleger sofort sehr interessiert waren. Dies unterstreicht das oben Gesagte. Alle waren sich bewusst, dass hier neue Anforderungen auf die Wissenschaftsverlage zukamen. Natürlich haben nicht alle mitgemacht, aber die entscheidenden Verlage, gerade die traditionsreichen wie Mohr Siebeck, Vandenhoeck & Ruprecht u.a., ließen sich sofort überzeu gen, und sie wurden ja damals alle noch v den alten Herren, also der Vätergenerat von Herrn Ulmer und mir, geführt.

Ulmer: Doch waren die Reaktionen du aus zwiespältig. Die Verlage fürchtete ren eigenen Auftritt zu verwässern. einen neuen Verlag aufbauen, wen Funktionen schon im eigenen Haus deckt sind.

Herr Ulmer schreibt in einem Art utb „Die Entscheidung für den G die Titelgestaltung und die Signal wurde von der utb unerbittlich setzt.“ Im Rückblick wirkt die Ein die Signalfarbe Rot für die U bücher für Außenstehende im K Jahreszahlen 1968–1974 fast wi sches Statement – was es ja vie unbedingt war. Wie einigten unterschiedliche Verlegerper auf diese doch eventuell auch angesehene Farbe? Wie verlie on?

Ulmer: Die Farbe Rot war ke hatte auch keinerlei poli grund. Andere Signalfarbe Grün waren schon vergeb dung kam rasch zustande Zustimmung zur einheitl und zentralen Herstellun

von Lucius: Die schnelle Einigung auf eine einheitliche Umschlaggestaltung ist für mich immer noch eines der größten Wunder, die ich in meinem ganzen Berufsleben erlebt habe: 13 überwiegend ältere und konservative Verleger standen um einen Tisch mit verschiedenen Umschlagsvorschlägen und entschieden sich in unfasslicher Geschwindigkeit für die Signalfarbe Rot. Ganz gewiss war es nicht als politisches Signal gedacht, was ja in diesen Jahren durchaus hätte naheliegen können. Es war wohl eher der Gedanke: Das muss einfach wie etwas Besonderes und Auffallendes aussehen. Es waren wirklich die Verleger, die diesen Grundsatzbeschluss fassten, ehe auch nur ein einziges Buch vorhanden war. Es gab also keine erregte oder kontroverse Diskussion, sondern einfach einen mutigen Beschluss – ein gruppendynamisches Wunder.

Es ist in Herrn Ulmers Artikel auch die Rede davon, dass Gespräche mit S. Fischer und Rowohlt ergebnislos verliefen und danach der Aufbau eines eigenen Geschäftsbetriebes beschlossen wurde. Welche Idee steckte im Zusammenhang mit diesen beiden Verlagen dahinter?

Ulmer: Eines der wichtigsten Ziele der utb-Gründer war, dass die akademischen Taschenbücher auch im allgemeinen Sortiment angeboten und am Lager gehalten werden (übrigens auch einer der Gründe für das auffällige Rot). Die Zusammenarbeit mit einem eingeführten Taschenbuchverlag schien dafür der beste Weg zu sein.

von Lucius: Es gab in der Tat Gespräche, ob das Vertriebstechnische der utb in einem der großen Taschenbuchverlage verankert werden könnte. Es erwies sich aber schnell, dass von den geplanten Auflagenhöhen, der Themenvielfalt und von den Konditionen her eine solche Kooperation weder für die utb-Verlage noch für die großen Taschenbuchhäuser attraktiv sein konnte. Der Gedanke, durch Kooperation mit den vorhandenen Taschenbuchvertriebsinstrumenten Kosten zu sparen, war also irrig. Der Aufbau des eigenen Vertriebsapparates war konzeptionell wie finanziell günstiger, zumal mit dem so kostenbewussten und erfahrenen Volkmar Kalki.

Herr Ulmer spricht auch von der „förderlichen Mitarbeit" von Brockhaus/Commission zu Beginn. Wie sah das besondere Engagement von Brockhaus damals aus?

Ulmer: Zwei Voraussetzungen waren zu erfüllen: Alle utbs auf dem gleichen Rechnungsformular fakturieren, aber die Erlöse individuell aufteilen. Vor 50 Jahren waren die Programme der Verlagsauslieferungen darauf noch nicht vorbereitet.

von Lucius: Das wurde vom Hause Brockhaus, ohne dass für uns Kosten anfielen, hervorragend gelöst. Sehr lobend ist hier Steffen Göhler zu erwähnen, der ja über 20 Jahre den gesamten EDV-Bereich bei Brockhaus steuerte. Sehr wichtig war sicher auch für die utb-Verleger, dass sie in Brockhaus einen mittelständischen, von der Größe her passenden Partner hatten und nicht in das Getriebe einer riesigen Verlagsauslieferung kamen.

Welche Produktentwicklung in der utb sehen Sie im Rückblick als besonders wegbestimmend an? Gibt es auch Entwicklungen, von denen Sie heute sagen: „Das hätten wir uns sparen können"?

von Lucius: Die Produktentwicklung für utb war im Anfang natürlich ein Tasten – kein

Verlag wusste genau, was wohl Akzeptanz finden würde. Zu Beginn dachten wir alle an 160-seitige Bücher zu DM 9,80. Es erwies sich dann recht bald, dass solche Bücher für viele Themen von der Autorenseite her gar nicht zu machen sind, und wir lernten, dass es oft gerade die sehr dicken Bücher mit 500–600 und mehr Seiten waren, die (bei einem günstigen Preis-Leistungs-Verhältnis) die Bestseller bei utb wurden. Auch hatte wohl jeder der utb-Verleger in der Gründung die Vorstellung, ein eher schwacher Titel ließe sich wohl durch Einfügung in utb zu einem vertriebsstarken Titel umwandeln. Besonders wichtig bei der Produktentwicklung war sicher der Jahre später gefasste Entschluss, aus dem Taschenbuchformat herauszugehen, zunächst mit dem Lehrbuchformat und zehn Jahre später mit dem sog. Mittleren Format. Gerade letzteres hat sich mittlerweile zum Hauptbestandteil der utb entwickelt, und die Idee kam gerade zum rechten Zeitpunkt: Auch die klassischen Taschenbuchverlage haben ja mittlerweile verschiedene größere Formate im Programm. Die Vertriebsstärke beruht nicht auf einem Buchformat, sondern auf der Marke und der effizienten Vertriebsgestaltung.

Ulmer: Die Mittlere und die Große Reihe waren in der Tat dauerhafte Erfolge. Die basics, die didaktische Vorgaben machen, hätten wir uns in der Tat ersparen können. Jedes utb sollte kurzgefasst und didaktisch aufbereitet sein. Dies war von Anfang an das Prinzip der Reihe und brauchte nicht eigens herausgestellt zu werden.

Gibt es Erlebnisse aus der utb-Geschichte, an die Sie sich besonders gerne erinnern?

Ulmer: Es waren die halbjährlichen Gesellschafterversammlungen in Orten, die reihum von den Mitgliedsverlagen ausgewählt wurden. Dabei gab es jedes Mal ein erstaunlich gutes Abendessen mit erstaunlich gutem Wein, erstaunlich deshalb weil unser unvergleichlicher und sparsamer Geschäftsführer Volkmar Kalki bei diesen Gelegenheiten bewies, dass er auch großzügig feiern kann.

von Lucius: In 50 Jahren hat man natürlich unendlich Vieles erlebt, Kurioses, Lustiges, Ärgerliches, Bewundernswertes usw. Die schönsten Erlebnisse im utb-Jahr waren in der Tat Gesellschaftertreffen. Es ist ja überhaupt eines der Geheimnisse für das so lange gute Funktionieren der utb, dass es nicht nur eine gut gestaltete Organisation ist, sondern dass eine kollegiale Nähe und oft auch Freundschaft entstanden ist. Dazu tragen gerade die zweitägigen Gesellschafterversammlungen mit Übernachtung entscheidend bei. Die Zahl prägender Gestalten, die mittlerweile nicht mehr leben, wie etwa Max Haupt oder Ferdinand Schöningh und sein Sohn, oder derjenigen, die schon seit vielen Jahren nicht mehr aktiv mitwirken wie Dietrich Ruprecht, Edmund Budrich, Georg Siebeck, Volkmar Kalki usw., gibt auch Anlass zu vielem – und dankbarem – Nachdenken über den wichtigen Aspekt des personengeführten Inhaberverlags. Er dominiert ja bis heute die utb.

Gab es in 50 Jahren utb Krisen, in denen Sie den Fortbestand der Kooperation gefährdet sahen?

von Lucius: Aufgrund des beschriebenen guten freundschaftlich-kollegialen Geistes hat es in meiner Erinnerung nie eine Krise gegeben, die den Fortbestand der Kooperation gefährdet hätte. Es gab manchmal stark dirigistische, in die Entscheidungsfreiheit der Verlage eingreifende Vorschläge, die wahrscheinlich zu einem Platzen geführt hätten. Diese wurden aber in offener und intensiver Diskussion immer wieder abgewehrt. Wichtig war sicher auch, dass keine nennenswerten Konzerneinflüsse in die utb hineinkamen. Anfangs waren wir noch so entschieden mittelständisch gesonnen. Später hatten wir ja Konzernverlage wie z.B. Harper & Row oder Gustav Fischer, in der Zeit, als er zu Holtzbrinck gehörte, oder Schäffer-Poeschel. Diese sind aber immer – primär wegen eines Eigenständigkeitsstrebens der größeren Lektorate oder strenger Controllervorgaben – wieder ausgeschieden. So blieb der mittelständische Charakter persönlich geführter Unternehmen erhalten.

Ulmer: Vielleicht nicht gerade Krisen, aber doch erhebliche Sorgen, zumeist im Zusammenhang mit dem Ausscheiden einzelner Mitglieder, das häufig durch ihre Übernahme in einen größeren Konzern ausgelöst wurde. Konzernverlage und Kollegialverlage passen nicht recht zusammen. Aber es gelang ja immer wieder, neue Mitglieder zu gewinnen!

Wie sehen Ihre Zukunftsvisionen für die utb im Jahre 2030 aus – also zum 60. Geburtstag?

Ulmer: Die utb wird sich die digitalen Medien weiter erschließen, sie wird hoffentlich bei der Programmplanung und Redaktion der Werke noch mehr Stringenz entwickeln und die Fachbereiche, die bisher nicht vertreten sind, hinzugewinnen.

von Lucius: Für Zukunftsvisionen bin ich nicht der richtige Typ. Mir erscheint es immer wichtig, die aktuellen Probleme zu lösen, und wenn man da keine zu groben Fehler gemacht hat, wird auch der nächste Schritt gelingen. Es ist klar, dass die Digitalisierung ganz vorn auf der Agenda steht, aber ich glaube, dass auch 2030 die Bücher erlösmäßig weiterhin dominieren werden. Die Lösung dieser neuen Probleme in der Entwicklung und dem Vertrieb digitaler Produktionen ist nun eine neue Raison d'être für die utb: Manches Lehrgeld haben wir da ja auch in den letzten Jahren gezahlt, aber eben verteilt auf viele Beteiligte. Und das dabei gewonnene Know-how kann sogar in die sonstige Produktion der Verlage einfließen – eine fruchtbare Wechselbeziehung auch für die Zukunft.

[1] Ulmer, Roland: Die UTB – eine nachhaltig erfolgreiche Verlagskooperation, in: Parallelwelten des Buches. Beiträge zu Buchpolitik, Verlagsgeschichte, Bibliophilie und Buchkunst. Festschrift für Wulf D. von Lucius. Wiesbaden 2008, S. 277–287, hier S. 281.

Wie der Zufall es will, sind es zwei (Mit-) Gründer-Kinder, die im Jubiläumsjahr den utb-Beirat stellen: Matthias Ulmer, der die Geschäfte seines Vaters Roland Ulmer übernommen hat, der seinerzeit Gründer der utb war. Und Barbara Budrich, deren Vater Edmund Budrich seinerzeit als Leiter des Westdeutschen Verlags zu den Gründungsmitgliedern gehörte.

Die Bedeutung der utb für den Verlag Barbara Budrich

Als ich im Jahr 2004 meinen eigenen Verlag gründete, war für mich klar, dass ich möglichst bald utb-Mitglied werden wollte: Denn ich wusste, dass ich damit die Attraktivität meines Hauses für die Autorinnen und Autoren schlagartig würde erhöhen können. War die utb für die Gründer in den 1970er Jahren ein Wagnis, so war sie durch ihren Markenerfolg für mich zu einem attraktiven Partner für mein eigenes Geschäft geworden.
Ich hatte im Jahr 2006, als der Verlag Barbara Budrich in die utb aufgenommen wurde, bereits einige Lehrbücher im Programm und in Planung. Durch die Mitgliedschaft in utb wusste ich, dass wir den Publikationen den ihnen zustehenden Vertriebserfolg würden ermöglichen können. Für meinen jungen Verlag allein wäre dies eine enorme Herausforderung gewesen: Im utb-Konzert ging dies weit einfacher.
Seit ihrer Gründung hatte die utb sich als der Anbieter für qualitativ hochwertige Lehr- und Studienbücher etabliert: Aus der Ursprungsidee war eine Institution geworden. Jedenfalls in den von meinem Verlag versorgten Fachbereichen aus den Sozialwissenschaften. Auch in anderen Fachbereichen hatte die utb sich längst mit „den Roten" einen Markennamen gemacht und war aus dem Hochschulalltag von Lehrenden und Studierenden nicht mehr wegzudenken.

Mehr Studierende und Gegenwind

Seit der Jahrtausendwende hat die Zahl der Studierenden in Deutschland sich von knapp unter 2 Mio. auf beinahe 3 Mio. erhöht. In den frühen nuller Jahren schauten wir Wissenschaftsverlage mit einer gewissen Vorfreude auf diese Entwicklung, die sich durch die Anzahl der Schülerinnen und Schüler leicht hatte antizipieren lassen. Doch leider ergab sich der Erfolg der Lehr- und Studienliteratur nicht aus einer einfachen Hochrechnung, denn mehrere Trends liefen den simplen Hoffnungen aus der Verlagsbranche entgegen. Darunter vor allem der Bologna-Prozess, die mit der Digitalisierung einhergehenden veränderten Rezeptionsgewohnheiten und Bestrebungen in der Wissenschaftspolitik.

Der Bologna-Prozess

1999 auf den Weg gebracht, sollte der Bologna-Prozess bis 2010 einen homogenen europäischen Hochschulraum schaffen. Höhere Mobilität der Studierenden, internationale Wettbewerbsfähigkeit und eine gute Beschäftigungsfähigkeit waren die formulierten Ziele. Für uns Lehrbuchverlage hieß es in erster Linie, angepasste Lehrbücher auf den Weg zu bringen. Der neu eingeführte Bachelor entsprach vom Niveau her dem, was wir in früheren Zeiten in zahlreichen Studiengängen als Zwischenprüfung angesehen hatten. Im Konzert mit einer in einigen Bundesländern um ein Jahr verkürzten Schulzeit bedeutete dies, dass jüngere Studierende in einem stärker verschulten Studium mit kurzer Regelstudienzeit unter großem Druck Stoffmengen zu bewältigen hatten. So entwickelte die utb gemeinschaftlich die Idee der utb basics – eine neue Buchreihe, die genau auf die Bedürfnisse der neuen Studierenden zugeschnitten war. Und die meisten basics waren überaus erfolgreich.

Gleichzeitig verloren bis dato erfolgreiche Lehrbücher mehr und mehr an Boden. Die Absätze je Print-Titel gingen langsam aber stetig zurück.

Veränderte Rezeptionsgewohnheiten

Viel war von „digital natives" die Rede – von jungen Menschen, die nach der Erfindung des Internets mit einem großen Haufen unterschiedlicher digitaler Gerätschaften aufgewachsen waren. Das Ende des Gutenberg-Zeitalters wurde – mal wieder – eingeläutet und der Untergang des gebildeten Menschen. Denn durch die veränderten Rezeptionsgewohnheiten der Studierenden würden gedruckte Lehrbücher ohnehin vollständig obsolet, so die Vermutungen der Digital-Befürworter und Kulturpessimisten. Die Antwort der utb auf die schwächelnden Print-Erfolge und den Medienwechsel beim jungen Publikum war digital. 2009 nahm utb-studi-e-book als digitales Plattformangebot für die Bibliotheken die Arbeit auf: Zu den traditionellen Aufgaben von Bibliotheken gehört es, Lehrende und Studierende mit Literatur zu versorgen. Und zu einem Kontingent an gedruckten Publikationen gesellten sich nun auch digitale Angebote. Für einen kleinen Verlag wie den meinen wäre dieser „digital turn" nicht allein zu stemmen gewesen. In diesem ersten Schritt brachte die utb diesen Vertriebsvorteil zunächst für die utb-eigenen Lehrbücher.

Doch Bologna hatte ein weiteres Desiderat im Gepäck: die Forderung, Studierende möglichst früh an die Arbeit mit Originalquellen heranzuführen. Auch dies gehörte zu den zahlreichen Gründen, warum Lehrbücher an Boden verloren. Und auch auf diese Anforderung fand utb eine Antwort: Im Jahre 2013 ging mit der scholars-e-library ein digitales Angebot an den Start, bei dem utb-Verlage ihre im jeweiligen Verlagsprogramm erscheinende, eher forschungsorientierte Literatur gemeinschaftlich Bibliotheken und damit den Hochschulen und anderen Forschungseinrichtungen anbieten konnten.

Während große Verlagshäuser darauf vertrauten, auch allein ausreichend große Mengen an relevanter Literatur anbieten zu können und so lohnend zu investieren, zeigte sich an der scholars-e-library noch klarer als zuvor bei utb-studi-e-book eine wichtige Funktion, die utb vor allem für die kleineren, inhabergeführten Verlage bietet: die gemeinsame Finanzierung und Bereitstellung teurer technischer Infrastruktur, die von den einzelnen Verlagen jeweils allein nicht zu leisten gewesen wäre.

Wissenschaftspolitik

Weiterer heftiger Gegenwind kommt aus der Wissenschaftspolitik. Die gleichzeitigen Bemühungen, Wissenschaft in der Hauptsache in – kostenfrei zugänglichen – Open Access zu überführen und in Bildungsfragen verstärkt auf die sog. Open Educational Resources (OER), also kostenlose Bildungsangebote zu setzen, erodiert die wirtschaftlichen Möglichkeiten von Verlagen, weiterhin die Produktion hochwertiger und angemessener Literatur für die Lehre bieten zu können.

Zudem trat das Urheberrechts-Wissensgesellschafts-Gesetz 2018 in Kraft. Es enthält eine Schrankenregelung, die im Rahmen der Schranke eine angemessene Entlohnung sowohl von Verlagen als auch von Lehrbuchautorinnen und -autoren für die digitale Nutzung urheberrechtlich geschützten Materials unmöglich macht.

Zeitgleich wurden in den Jahren 2019 und 2020 die sogenannten DEAL-Vereinbarungen mit global agierenden Weltkonzernen geschlossen, die zwar in erster Linie wissenschaftliche Fachzeitschriften betreffen. Allerdings bleibt zu befürchten, dass die Auswirkungen auf Hochschul- und damit auch auf Bibliotheksetats auf Dauer zu Lasten der anderen Anschaffungen gehen könnten, die Bibliotheken zu finanzieren haben, also auch zu Lasten qualitativ hochwertiger Lehr- und Studienliteratur.

Für unsere Wissenschaften

Mein Verständnis von der utb hat sich gewandelt von einer reinen Vertriebskooperation unabhängiger Verlage, die so eine größere Sichtbarkeit im Buchhandel erreichen konnten, zu einer Vertriebs- und Innovationskooperation, die es vermag, die Stärke der Gemeinschaft im Sinne ihrer Kunden zu nutzen. Der große Nutzen für die Kunden liegt in der Marke der utb und den Werten, für die sie steht: die hohe Qualität dieser Lehr- und Studienbücher, dem starken, gemeinschaftlichen Auftritt der utb als Ganzes, der großen, auf Partnerschaft ausgerichteten Kooperationsbereitschaft und dem Mut, Risiken gemeinschaftlich zu bewerten und anzugehen.

In diesem Sinne verstehe ich das neue große Projekt der utb, das 2020/2021 an den Start gehen wird: die digitale Plattform, die auf der Höhe der technischen Möglichkeiten auch das Potenzial hat, weit über Buchpublikationen hinausdenken und planen zu können. Digitalisierung, Internationalisierung, Open Access, Content Brokerage und welche Schlagworte einem zum Thema einfallen mögen: All dies ist in der neuen Plattform angelegt.

Wie alle erfolgreichen Unternehmen erfindet utb sich auch in ihrem fünften Lebensjahrzehnt beständig neu, um gleichbleibend auf hohem Niveau die Bedürfnisse ihrer Wissenschaften auf der einen und der Mitgliedsverlage auf der anderen Seite erfüllen zu können.

Ich bin stolz darauf, als Beiratsmitglied einen besonders guten und intensiven Blick auf diese Entwicklungen zu haben – auch wenn meine Rolle in diesem Projekt davon abgesehen wenig hervorragt. Für meinen unabhängigen Wissenschaftsverlag Barbara Budrich ist die Kooperation in diesem munteren und diversen Zusammenschluss verschiedener Verlagshäuser mit unterschiedlichen Kulturen und abweichenden Perspektiven ein großer Glücksgriff. Allein hätten wir weder die Mittel noch den Mut, in diesen Dimensionen selbst aktiv zu werden. An Attraktivität hat die rote Dame utb also mitnichten eingebüßt – und ich wünsche ihr viele aktive und gesunde Jahrzehnte im Dienste der Wissenschaft!

Barbara Budrich

Kooperation leben

Der Ausgangspunkt für die Gründung der utb war 1970 das Wissen, dass man viele Herausforderungen des Marktes nicht alleine bestehen kann. Es war das Zeitalter der neuen sozialen Bewegungen, der Kommunen und der Erfa-Gruppen, der basisdemokratischen Diskussionsforen und der Vision einer besseren, gerechteren Zukunft. Und selbst die Bundesregierung hatte eine Kooperationsfibel publiziert, damit die Wirtschaft weiß, wo im Rahmen des Wettbewerbsrechts eine Zusammenarbeit möglich ist. „Jetzt kooperiert mal schön!" war ein Büchlein, das sich mit dem damaligen Megatrend spöttisch auseinandersetzte.

Und genau das haben die Verleger getan und waren damit erfolgreich. Viele damals gegründete Kooperationen gibt es nicht mehr oder sie haben sich fundamental verändert. Die utb scheint so stabil wie der deutsche Föderalismus und die EU: Das Prinzip, dass jeder die gleiche Stimme hat und die meisten Dinge im Konsens entschieden werden, ist manchmal kompliziert. Aber es hat sich auch immer gezeigt, dass bei wichtigen Entscheidungen die Einstimmigkeit verblüffend schnell zustande kommt. Weil sie auf einem über Jahre gewachsenen Vertrauen basiert. Wer nicht das Arbeiten unter Gleichen schätzt, sondern danach strebt, immer das letzte Wort zu haben, der hat in einem solchen Verbund keinen Platz.

> ” Aus einem Anbieter-Markt wurde ein Nachfrager-Markt

Der Ausgangspunkt für die Gründung waren große Veränderungen bei der Vermarktung der Bücher. Aus einem Anbieter-Markt wurde ein Nachfrager-Markt, um die Kunden musste geworben werden, um Platzierungen im Handel gekämpft. Zum Glück waren die wildesten Auswüchse Anfang der siebziger Jahre auch bald wieder vorbei, das Lehrbuch-Paperback musste gar nicht durch die Sonderprozesse der Taschenbuchvermarktung durch, um zum Kunden zu kommen. An dieser Stelle hätte die Kooperation wieder zerbrechen können. Aber wenn etwas Spaß macht und man gerne dabei ist, dann bekommt es einen Eigenwert.

Und so hat die Kooperation getragen, bis die nächste Bedrohung auf die Lehrbuchverlage zukam: Die Globalisierung führte zu einem Fusionswahnsinn bei den Wissenschaftsverlagen, bis am Ende einer Handvoll Global Players eine große Zahl kleiner Mittelständler (in Wahrheit sind wir alle Kleinbetriebe) gegenüberstand. Dabei kam die Bedrohung noch nicht von der entstehenden Marktmacht, sondern aus der Anforderung an die interne Organisation in diesen Konglomeraten. Die Markenführung war meist das Argument, mit dem ein unter die bleiernen Schwingen eines Großverlags geschlüpfter

Kollege sich aus der Kooperation zurückziehen musste. Die Prozesse der utb passten nicht in die Anforderungen einer großen Verlagsmaschinerie. Ja, eine Kooperation ist weniger effizient als ein Monopol. Dafür ist sie reicher. Dass das oft nicht gesehen wird, ist auch ein Grund, dass die Gesellschaft heute da ist, wo sie ist.

Die nächste Herausforderung war die wachsende Bedeutung der Literaturlisten der Dozenten. Ein aufwändiges Dozentenmarketing war die Lösung, erneut eine Leistung, die für mittlere Verlage nur in einer Kooperation finanzierbar war. Viele Kollegen schlossen sich der utb an, weil das Dozentenmarketing vorbildlich war.
Zum Glück für die Kooperation kam bald die nächste Herausforderung um die Ecke. Die Buchhandlungen reduzierten radikal ihre Lieferanten und zogen sich gleichzeitig aus dem Fachbuch zurück. Erneut das Ergebnis von Rationalisierungsbemühungen, bei dem wir heute sagen können, dass die Aufgabe von Individualität erst zu Kostensenkungen führt und dann zum Verlust der Wettbewerbsposition. Jedenfalls durfte die utb als einer der wenigen Lehrbuchanbieter noch mit dem Vertreter in der Buchhandlung vorsprechen. Das war die Basis für UTB:forum als neues Kooperationsmodell. Und wieder hatte die utb eine Lösung, die viele Verlage zum Nachdenken brachte, ob man sich die utb nicht mal genauer anschauen sollte.
Die nächste Herausforderung war die Bachelorisierung des Studiums und die Anforderung Basis-Lehrbücher anzubieten. Schnell konnte die utb mit den basics einen modernen Lehrbuchtyp anbieten, der auch auf der Autorenseite für die utb und ihre Verlage warb. Der Bologna-Prozess läutete aber auch eine grundlegende Veränderung im Bereich der universitären Ausbildung ein und wurde durch eine fundamentale Transformation des Wissenschaftssystems begleitet. Die Buchkäufe gingen zurück, die Nutzung verlagerte sich auf die Bibliotheken, Uni-Buchhandlungen verschwanden, digitale Medien rückten in den Vordergrund und die Global Players zermalmten mit ihren Publikationsplattformen weite Teile des noch fruchtbaren Bodens des wissenschaftlichen Publikationswesens.

Bestand wird in diesem Markt nur der Verlag haben, der eine leistungsstarke digitale Publikationsplattform anbieten kann, um schnell auf die Anforderungen aus Lehre, Wissenschaft, Bibliothekswesen und Verlags-Workflow zu reagieren. Dozenten, Hochschulen und Verlage werden viele Jahre experimentieren, bis sich herausgebildet hat, wie Studenten künftig mit Medien arbeiten werden. In dieser Phase muss ein Verlag mitmachen. Wer einfach abwartet, ist entweder tot oder hat seinen Ruf verspielt.
Vielleicht ist das die größte Herausforderung an die Lehrbuchverlage. In einer Welt, die aus großen Tankern und kleinen Segelschiffen besteht, gilt es zu beweisen, dass der Tanker ein Irrweg ist. Der Verlust an Vielfalt und Entscheidungsfreiheit und die entstandene Abhängigkeit von den Global Players wiegt die Effizienzgewinne nie auf. Als utb müssen wir beweisen, dass wir an die Leistungsfähigkeit der Großen so weit rankommen, dass das Pendel zugunsten der Freiheit ausschlägt. Plattformen müssen nicht monopolistisch angelegt sein. Statt Technik, die die Menschen instrumentalisiert, um Profit zu machen, müssen wir

einen Weg finden, dass die Menschen die Technik instrumentalisieren, um daraus Profit zu machen.

Die utb der Zukunft muss großen und kleinen Verlagen bis zum Einpersonenverlag ein technisches System bieten, das ihnen ermöglicht, ihre Inhalte und Ideen zum Dozenten und Studierenden zu bringen. Ob ein Lehrbuch eingebracht wird oder eine innovative E-Learning-Applikation, das System soll für alles die geeigneten Schnittstellen bieten.

Der Aufbau einer solchen Plattform kostet viel Geld. Und es braucht die Wachsamkeit aller Gesellschafterverlage, um die Plattform so auszurichten, dass sie nach innen effizient und nach außen offen für Vielfalt ist. Eine riesige Investition dividiert durch die Zahl der Gesellschafter wird für alle leicht machbar. Aber lohnend wird sie erst, wenn sie auch richtig bespielt wird.

Die wissenschaftlichen Disziplinen entwickeln sich sehr unterschiedlich. Das Gleiche gilt für die Medien und E-Learning-Prozesse, die diese Disziplinen einsetzen. Jeder einzelne Verlag hätte nur das Auge für seine Anforderungen. In der Kooperation weitet sich der Blick. Die utb organisiert Arbeitsgruppen, die Spezialisten aus allen Verlagen zusammenbringen. Und wieder zeigt sich die Stärke der Kooperation: In jedem Verlag sitzen kluge Köpfe, die es zusammenzubringen gilt. Jeder lernt vom anderen. Wissen wird offen geteilt. Wenn ein Verlag erfolgreich ist, bringt das die anderen voran.

» Leben ist Teilen.

Der Verlag Eugen Ulmer wäre früh aus dem Lehrbuchgeschäft ausgestiegen. Zu dominant sind unsere anderen Geschäftsmodelle, die Fachzeitschriften, Fachbücher, Schulbücher und das große Ratgebersegment. Aber die Kooperation der utb hat uns immer ermöglicht, mit an der Spitze der Entwicklungen zu stehen und von der Spezialisierung der anderen zu profitieren.

Leben ist Teilen. Erst durch das Weitergeben wird Leben fruchtbar. Das Lösen von Problemen in Teams, die Solidarität und Hilfsbereitschaft untereinander bringt uns alle voran. Die Kooperation ist die moderne Lösung für die Probleme unserer Zeit. Darum ist die utb die Zukunft.

Matthias Ulmer

Autokino, Mondlandung, utb-Gründung

„Wir haben zur Kenntnis nehmen müssen, dass die wesentlichen Lehrbücher für Studenten künftig in Taschenbuchform erscheinen.“ (Roland Ulmer)

50 Jahre utb. Ein halbes Jahrhundert wissenschaftliche Lehrbücher. Wie begann alles? Wie kam es, dass die beiden Verleger Roland Ulmer und Wulf D. von Lucius eine gemeinsame Idee entwickelten, die noch heute Bestand hat? Versetzen wir uns zunächst in die damalige Zeit zurück...

Autokino, Antibabypille, Mondlandung, Farbfernsehen und die erste weibliche Hochschuldirektorin. Die sechziger Jahre hatten viel zu bieten, auch steigenden Wohlstand. Das Wirtschaftswunder ermöglichte es immer mehr Eltern, ihren Kindern eine Hochschulausbildung zu finanzieren. Mit dem BAföG gab es zudem erstmals das individuelle Recht auf Ausbildungsförderung – ohne eine Kopplung an Begabung oder Leistung.

Die geburtenschwachen Jahrgänge der Ende des Zweiten Weltkriegs Geborenen waren den Universitäten entwachsen. Nun, zwischen 1965 und 1980, erreichte die Generation der Babyboomer das Studienalter. Mit der Frauenbewegung und dem Wandel des Frauenbildes einhergehend stieg der Frauenanteil an den Universitäten. 1968 lag der Anteil der Absolventinnen einer allgemeinen oder fachgebundenen Hochschulreife bei 37 Prozent. Dies entsprach einem Anstieg um 61 Prozent verglichen mit der Zahl des Wintersemesters 1960/1961. All dies ergab zwischen 1960 und 1968 eine Steigerung der Studierendenzahl um 44 Prozent – und alle brauchten wissenschaftliche Literatur.

Auslieferungen:
Brockhaus/Commission (Deutschland), Pharos Verlag Schwabe AG (Schweiz), Mohr Morawa (Österreich)

1970

4. Dezember 1970: Gründung der Uni-Taschenbücher GmbH in Stuttgart

1971

April 1971: Auslieferung der ersten 14 Taschenbücher

Taschenbuch-Verlage – Bedrohung für Wissenschaftsverlage

Die 68er waren hungrig nach Theorie- und anderem Lesestoff. Sie behalfen sich oft selbst mit Raubdrucken. Kein Wunder also, dass sich regulär gedruckte Taschenbücher dem Aussehen der Raubdrucke annäherten: graues Papier, einfache Ausstattung, kleine Schrift, manchmal in einem „poppig-schockfarbenen Einband", wie utb-Gründer Roland Ulmer es einmal ausdrückte, der Preis niedrig. Der „Hauch des Ärmlich-Revolutionären" ließ gleich den Adressat*innenkreis erkennen, denn angesprochen wurde nicht ein bürgerliches Publikum mit gepflegtem Bücherschrank, sondern Studierende.

„Das Thema ‚wissenschaftliches Taschenbuch' war plötzlich wichtig. Und in der Zeit fing Rowohlt auch an, richtig wissenschaftliche Lehrbücher in rororo machen zu wollen. Das hat uns natürlich wahnsinnig aufgeschreckt", so utb-Mit-Gründer Wulf D. von Lucius.

Viele Wissenschaftsverleger*innen sahen diese Entwicklung – wie Wulf D. von Lucius – als Bedrohung an; vor allem mittelständische Betriebe verfügten nicht über dieselben Handlungsmöglichkeiten wie große Verlage, welche eigene Taschenbuchreihen gründeten. Gleichzeitig bauten etablierte Taschenbuchverlage wissenschaftliche Reihen auf, wie z.B. rororo-Studium, dtv-Wissenschaft oder Goldmann-wissenschaftliche Taschenbücher.

Die Taschenbuchverlage hatten den Vorteil, über einen schlagkräftigeren Vertrieb im Vergleich zu vielen Wissenschaftsverlagen zu verfügen, auch wenn letztere die Fachgebiete und Autor*innenkreise besser kannten. Die Chancen auf Erfolg schienen gleichmäßig verteilt zu sein. Wulf D. von Lucius:

„Wir haben gesagt: Das wäre ja dramatisch, wenn die [die Taschenbuchverlage wie der Rowohlt Verlag] eines unserer Brotgebiete, das Lehrbuch, an sich ziehen würden. Das war der Anstoß, das war für alle so erschreckend, dass sich diese Gründung ganz schnell vollzogen hat, alle sich sehr schnell einig waren, dass es gemacht werden soll und wie es gemacht werden soll, weil eben diese Bedrohung da war. Die war nach zwei Jahren weg […]. Aber nun war die UTB-Gründung da und hat sich enorm bewährt, für alle von uns."

Die Wissenschaftsverlage standen unter Zugzwang. Zur gleichen Zeit existierte auf

utb setzt Buchhandelsvertreter ein.

1972
138 lieferbare Titel

lieferbar bis 2007 58.000 verk. Expl.

1973
229 lieferbare Titel

Zeitsprünge auf dem Zeitstrahl

‚Wer immer den Tag des geringsten Anfangs verachtet, wird doch mit Freuden den Schlußstein sehen': Besprechungen ohne Ende, Diskurse, Kritik, Ungewissheit – und Zustimmung, aber am Ende doch der ‚Schlußstein'; eine Idee nimmt Form und Gestalt an. Der unvergeßliche kalte November-Abend 1970 im Ulmer Verlag in der Gerokstraße. Roland Ulmer, Wulf D. von Lucius, Volkmar Kalki richten den Blick auf das lichter-glänzende Stuttgart.

utb im April 1971. Wir beziehen das Sanitätszimmer des Ulmer Verlags, ‚Hier haben Sie 60 Tausend Mark, damit müssen Sie auskommen, bis...' Buchhändlerin Doris Risch, die erste Mitarbeiterin, führt mit großem Einsatz das Büro, während der GF mit den ersten 10 Uni-Taschenbüchern durch die Lande zieht. Von Hamburg nach Konstanz von München nach Dortmund, von Berlin nach Hannover usw. Die Buchhändler: ‚Uni-Taschenbücher? Nie gehört. Brauchen wir nicht. Na, zeigen Sie mal', Der Musterkoffer öffnet sich. Was überzeugt mehr: die Autoren der Roten oder die Roten, dem Grafiker Alfred Krugmann sei Dank? Oder gar des GFs Rede Schwall?

Erste Buchmesse 1971. Sind wir überhaupt sichtbar, dahinten in der Ecke? Wer sucht schon utb und an diesem Ort? Kollegen von der Konkurrenz laufen vorbei. Das will man doch mal sehen, was die da machen..., nach 6 Monaten, am Ende des Jahres, wird mehr als eine halbe Million Umsatz gezählt.

Die Werbung greift. Der Start ist gelungen. Immer den Absturz im Nacken; die Umlaufbahn im Orbit muß gesichert werden, Der Slogan ‚Uni-Taschenbücher für alle Fachbereiche' wird mit Produktion bewiesen und öffnet den Markt. Weitere Verlage bewerben sich um die Mitgliedschaft.

> „Der Start ist gelungen. Immer den Absturz im Nacken.

Vorwärts – per aspera ad astra, Die Produktion als konstruktives Chaos wächst, ja wuchert. Neue Organisationsformen werden erforderlich. ‚Wollen wir das, haben wir das nicht immer anders gemacht, ist das notwendig?' Überzeugungsarbeit ist mühsam, am Ende gelingt sie: Programmkommissionen, 150er Regel, Vertriebsstrukturen, die sich auf utb ausrichten. Eine ‚Als-Ob-Situation', utb handelt wie ein Verlag ist aber eine Kooperation, deren verlegerische Entscheidung autonom bei den Mitgliedern der Gesellschaft bleibt. Ein permanenter Balanceakt: Vertrauen ist durch nichts zu ersetzen.

1981. 10 Jahre utb. Festakt im Dominikanerkloster zu Frankfurt am Main zur Buchmesse. Die utb-Verleger präsentieren 800 Uni-Taschenbücher den eingeladenen Professoren, Dozenten, den Buchhändlern und sich selbst. Roland Ulmer, Verleger und Initiator der utb-Idee, hält die Einführungsrede, der bekannte Soziologe Karl Martin Bolte den Festvortrag ‚Was bringt uns die Zukunft?'.

‚Mein Feld ist die Welt'? Das mag fürs deutschsprachige Ausland, zum Teil auch für die Niederlande und Teile von Skandinavien zutreffen. Aber USA oder...? Da entsteht aus einem Kontakt mit der Repräsentantin des US-Verlags Harper & Row Uli Bruno eine Idee, die der GF mit Intensität und Energie verfolgt und über manche utb-Hürden bis zur Vertragsreife voranbringt. Die Idee: utb vertreibt Harper & Row-Lehrbücher in Deutschland unter dem Label utb, Harper & Row utb-Lehrbücher in den USA, vornehmlich in den Bookstores der Universitäten und Colleges. Die ersten Titel von Harper & Row werden erfolgreich in den deutschen Markt eingeführt. Aber die deutschen utbs, übersetzt ins Englische, versickern unerkannt und unbekannt im Vertriebsmoloch des US-Großverlags. Ihre Manager wechseln alle Vierteljahre. Am Ende muß der GF einsehen, daß es ihm wie dem Milchmädchen in der Äsopschen Fabel geht. Das war wohl etwas zu groß für seine Verhältnisse.

Und Krisen. Die Erziehungswissenschaft mit vielen erfolgreichen utb-Titeln bricht mit dem Ende der 68er-Ideologie zusammen. utb verliert Umsatz wie ein altes Auto sein Motoröl. Eine neue Reihe wird gegründet und damit das Taschenbuchformat ergänzt: utb Große Reihe. Das Großprojekt RGG reißt die utb aus Umsatzloch und Depression. Und noch eine krisenhafte Entwicklung, die unterschwellig an der utb Substanz nagt. Innerhalb von 15–20 Jahren wechseln mehr als die Hälfte der utb-Verlage ihren Besitzer. Konzerne kaufen Verlage auf, ihre utb-Produktionen werden aus dem utb-Programm geschnitten. Was tun? Wieder eine neue Produktion im neuen Format, ein Zwischending von Uni-Taschenbücher und utb Große Reihe. Mit neuem Layout, vielen Bildern im Inneren und außen auf dem Umschlag.

Der GF zögert, hat er sich – nun über 60 Jahre alt – und nach einer Krankheitspause von einem halben Jahr selbst überlebt? Am Ende des Jahres 1998 gibt er nach 28 Jahren den Auftrag, GF der utb zu sein, an die Gesellschafter zurück. Und wieder ein Zitat aus der Bibel:

> „Es gibt nichts Besseres, als daß der Mensch sich freut bei seinem Tun, denn das ist (war) sein Teil.

Volkmar Kalki

dem Buchmarkt eine Kooperationseuphorie. Hauptsächlich medienübergreifende Kooperationen wurden gegründet, wie die TR-Verlagsunion in München und die Verlagsgesellschaft Schulfernsehen in Köln, die sich auf Begleitmaterialien spezialisierten, oder der Deutsche Studienverlag in Frankfurt, dessen Schwerpunkte Fernsehkolleg und Fernstudium bildeten. Innerhalb dieser Medienverbünde nahm das Taschenbuch eine herausragende Stellung als Kommunikations- und Bildungsmedium ein. Die Jugendbuchverlage wagten mit dtv junior den gemeinsamen Einstieg ins Taschenbuchgeschäft. Gerade diese Kooperation hatte für Roland Ulmer, Ideengeber der utb, Vorbildcharakter. Auch wenn das „Modell [...] ein völlig anderes [ist]. Aber ich habe mir gedacht, ein bisschen was können wir uns davon abschneiden."

Eine Idee entsteht...

Die Idee von dtv junior ließ sich auf den Bedarf des Wissenschaftsmarkts übertragen, eine Kooperationslösung der kleineren und mittleren wissenschaftlichen Verlage für deren Interesse an Lehrbüchern im Taschenbuchformat zu suchen. Zusammen mit Wulf D. von Lucius, damals Verleger des Gustav Fischer Verlags, entwickelte Roland Ulmer ein auf die eigenen Ansprüche zugeschnittenes Modell eines gemeinsamen Taschenbuch„verlags".

Die Grundgedanken waren alle Fachbereiche abzudecken, Grundlagenliteratur für das Studium zur Verfügung zu stellen und das hoch spezialisierte Know-how der teilnehmenden Verlage für die gemeinsame Reihe zu nutzen. Im Unterschied zu dtv war von Anfang an die Selbstständigkeit der Gesellschafterverlage wichtiger Bestandteil der Idee. Sie sollten selbst entscheiden, welche Titel in der gemeinsamen Taschenbuchreihe erscheinen und somit auch das Risiko tragen. Es sollte lediglich eine Instanz der Programmprüfung geben, bestimmte Ausstattungs-, Gestaltungs- und Preiskriterien sollten verpflichtend sein. Roland Ulmer berichtet im Gespräch, welche Verlage für ein solches Modell in Frage kamen:

„Wir sind auf der Buchmesse hausieren gegangen und haben unsere Kollegen gefragt, die wir für geeignet hielten. Es mussten wissenschaftliche Verlage sein, es sollten unterschiedliche Fachgebiete vertreten sein, es mussten mittelständische Unternehmen sein, inhabergeführte Verlage [...]."

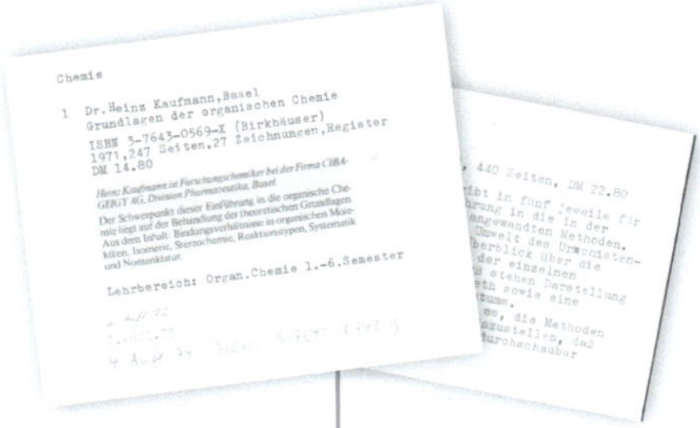

1974
321 lieferbare Titel

1975
433 lieferbare Titel

Nach dem Vorbild von dtv junior suchten Roland Ulmer und sein „Co-Ideengeber" Wulf D. von Lucius einen Taschenbuchverlag, der bereit war, eine wissenschaftliche Taschenbuchreihe nach diesem Konzept zu gründen.

„Zu Beginn der UTB hat sich kein Außenstehender vorstellen können, dass die indirekte Programmarbeit, auf die der Geschäftsführer fast keinen Einfluss hat, funktionieren wird. Jeder Marketingfachmann hielt dieses Konzept für unbrauchbar", so Roland Ulmer 2004.

Das Fehlen einer zentralen Programmplanung wurde allgemein als der Schwachpunkt der Konstruktion angesehen, weshalb die meisten Gespräche mit Taschenbuchverlagen scheiterten. Da kein Verlag zur Zusammenarbeit bereit war, entschlossen sich die Gesellschafter, ein eigenes Unternehmen zu gründen.

Vertraulich: Plan einer Taschenbuchreihe verschiedener wissenschaftlicher Verlage

In einem mit „Vertraulich" überschriebenen „Protokoll über die Ergebnisse der bisher geführten Gespräche über den Plan einer gemeinsamen Taschenbuchreihe verschiedener deutschsprachiger wissenschaftlicher Verlage" vom 12. Juni 1970 wurde die Zielsetzung formuliert. Mit welchen Verleger*innen diese Gespräche geführt wurden, wird nicht genannt. Aus dem Wortlaut geht aber hervor, dass es sich dabei neben Roland Ulmer und Wulf D. von Lucius um weitere gehandelt haben muss.
Auffällig ist, dass im Protokoll die Selbstständigkeit der Verlage „in Hinsicht auf ihre verlegerische Arbeit oder in finanzieller bzw. gesellschaftsrechtlicher Sicht" an erster Stelle steht. Positiver Nebeneffekt sei, dass „nur in sehr geringem Maß besondere Einrichtungen (Gemeinkostenstellen) entstehen". Die Vertriebsgemeinschaft beruhe auf der (lediglich auf den Einband bezogenen) einheitlichen Ausstattung der Taschenbuchreihe sowie einer zentralen Auslieferung, durch die man sich Rationalisierungsvorteile für die Sortimenter versprach. Nur durch diesen Bündelungseffekt könne die Reihe konkurrenzfähig sein und der Buchhandel „in den Vorteil eines hohen Staffelrabattes kommen, der im Taschenbuchgeschäft unerlässlich ist". Ebenso vorgesehen waren gemeinsame Werbemaßnahmen. Für diese sowie zur Überwachung der Aus-

Max Weber: Soziologische Grundbegriffe erscheint bei utb in 3. Auflage.

1976
512 lieferbare Titel

Anzeichen von Stagnation im wissenschaftlichen Buchmarkt

1977
579 lieferbare Titel

lieferung und des Vertretereinsatzes sollte eine Geschäftsstelle geschaffen werden, die mit einem Geschäftsstellenleiter und einer Schreibkraft ab Herbst 1970 besetzt werden sollte. „Eine größere personelle Besetzung sollte auf jeden Fall vermieden werden."

Konkurrenz in den eigenen Reihen

Zu diesem frühen Zeitpunkt war den Beteiligten bereits klar, dass sich die Konkurrenzbeziehungen auch innerhalb der Kooperation nicht ausschalten ließen, sodass es unweigerlich zu ähnlichen, wenn nicht gar gleichen Titeln innerhalb der Reihe kommen würde. Ohne zu wissen, welche Verlage tatsächlich an dem Unternehmen teilnehmen würden, baute man bereits auf Kollegialität, um das Problem der Parallelproduktion künftig ohne schwierige vertragliche Regelungen handhabbar zu halten. Es sollte sich ausschließlich um Bücher für Studierende handeln, vor allem um Kurzlehrbücher, aber auch Wörterbücher, kommentierte Ausgaben von Standardwerken, Tabellensammlungen und Formelwerke.

Das Wunder: 13 Verleger und ein roter Umschlag

Bei einer ersten Versammlung im größeren Kreis im Juli 1970 in Frankfurt waren außer den Verlagen, die später Gründungsmitglieder der utb werden sollten, noch weitere Interessenten anwesend. Vittorio Klostermann vom gleichnamigen Verlag, Bernd Lutz vom Metzler Verlag, Manfred Metzner vom Metzner Verlag und Heinz Weder vom Huber Verlag reichten keine Beitrittserklärung ein. Auch Verlagen, die an dieser Versammlung nicht teilnahmen, sollte eine Mitgliedschaft noch möglich sein, vorausgesetzt, sie waren nicht bereits Mitglied des dtv oder des Deutschen Studienverlags. Auf dieser ersten großen Versammlung entschieden sich alle anwesenden Interessenten einstimmig für einen von vier Umschlagentwürfen von Alfred Krugmann, dem Grafiker des Ulmer Verlags. Diese Einstimmigkeit bezeichnet Wulf D. von Lucius 2004 rückblickend als

„das größte Wunder meiner ganzen Verleger-Laufbahn, wie dreizehn Verleger um den Tisch standen und da lagen die verschiedenen Entwürfe. Und nach drei Minuten hatten sich dreizehn Verleger für einen Entwurf entschieden. Das klingt wie gelogen. Und

1978
321 lieferbare Titel

Gründung von utb-international und Aufnahme von Harper & Row New York in die utb.

1979
674 lieferbare Titel

das waren dann die roten Umschläge, die ja damals sehr kess waren und nicht im Stil der Häuser. War natürlich vielleicht ganz pfiffig, so kurz nach '68 knallrote Bücher zu machen. Ich weiß nicht, warum Alfred Krugmann die Farbe genommen hat. Wir haben alle gesagt, das gibt einen optischen Erinnerungswert."

Nicht nur die Gestaltung der Umschläge, auch die Namensgebung wurde an diesem Tag beschlossen. Der bisherige Arbeitstitel „Lehrbuchverbund" wurde durch die schlagkräftigere Bezeichnung „Uni-Taschenbücher" ersetzt, verbunden mit dem Sigel UTB.

Vertrag, Kapital, Geschäftsführer – erste Schritte

Nach Ausarbeitung eines Gesellschaftsvertragsentwurfs durch Rechtsanwalt Dr. Kleinmann trafen sich die nun bereits als „Mitglieder der Arbeitsgemeinschaft Uni-Taschenbücher" benannten Verleger, um konkrete Beschlüsse bezüglich des Gesellschaftskapitals, der Anstellung eines Geschäftsführers, des Finanzplans, neuer Mitglieder und einiger organisatorischer Fragen zu fassen. Nachdem das Bundeskartellamt dem Vertragstext zugestimmt hatte, trafen sich am 4. Dezember 1970 die voll vertretungsberechtigten Vertreter des Birkhäuser Verlags Basel, des Gustav Fischer Verlags Stuttgart, des Francke Verlags Bern und München, sowie der Verlage Dr. Alfred Hüthig Heidelberg, J.C.B Mohr (Paul Siebeck) Tübingen, Quelle & Meyer Heidelberg, F. K. Schattauer Stuttgart, Ferdinand Schöningh Paderborn, Eugen Ulmer Stuttgart, Vandenhoeck & Ruprecht Göttingen und des Westdeutschen Verlags Opladen zur Vertragsunterzeichnung in Stuttgart. Der Werner Verlag Düsseldorf trat am Tag der Vertragsunterzeichnung ohne Vorankündigung als Gesellschafter zurück. Roland Ulmer und Wulf D. von Lucius wurden als Gesellschafter-Geschäftsführer gewählt. Der Leiter des Westdeutschen Verlags, Edmund Budrich, wertete in seiner Abschiedsrede 2004 die Gründung der utb rückblickend als kühnes Unterfangen:

„Obwohl die versammelten Bedenken sicherlich ausgereicht hätten, seinerzeit den aufrechten Gang der Menschheit noch etwas zurückzustellen, wurde die UTB gegründet. Eine Innovation aus raschem Kalkül und jugendlichem Schwung. Meine Summe daraus: Die UTB repräsentierte den unternehmerischen Mut zur offenen Zukunft."

Jubiläumsband:
Kurt Salamun:
Was ist Philosophie?
utb 1000

1980
10 Jahre UTB FÜR WISSENSCHAFT

Festakt zu 10 Jahren utb im Frankfurter Domenikanerkloster

1981
759 lieferbare Titel

Als hauptamtlicher Geschäftsführer wurde Volkmar Kalki von den Gesellschaftern gewählt, der zuvor Werbe- und Marketingleiter im Bereich Fachverlag im Otto Maier Verlag Ravensburg war. Er leitete die Geschäftsstelle, die zunächst in einem Raum im Gebäude des Ulmer Verlags Platz fand, der zuvor als Sanitätszimmer genutzt worden war. Noch im Dezember begannen die Vorbereitungen für die Programmarbeit, sodass im Januar 1971 die Produktion beginnen konnte.

Organisationsstruktur

Volkmar Kalki bezeichnete utb als „ein kompliziertes Gebilde". Georg Siebeck von J. C. B. Mohr sprach immer vom „Kleinklima in der UTB, das es zu hegen und pflegen gelte".
Die Idee zur Verlagskooperation utb lehnte sich zwar an der Konstruktion dtv (junior) an. Doch was schließlich daraus entstand, war ein eigenständiges und ganz anders geartetes Modell. Da die Konstruktion (über die deutschen Grenzen hinweg) einzigartig war – und ist –, konnten die Gesellschafter nicht auf bereits Bewährtes zurückgreifen. Stattdessen musste oft das „Trial-and-error"-Prinzip eingesetzt werden, um so, nach und nach, das Gerüst für die Kooperation auf- und auszubauen. Dieses Gerüst bestand aus Programmplanung und -koordination, Vertrieb und Werbung, Öffentlichkeitsarbeit und Herstellung des Einbands. utb hatte im Rahmen der Verlagskooperation zudem die Aufgabe, Synergieeffekte zu finden, zu nutzen und in konkrete Handlungen umzusetzen.

Gesellschafter(vertrag)

Die Rechtsform der utb ist die einer GmbH, also einer Gesellschaft mit beschränkter Haftung. Die Grundlage der Vertriebskooperation ist der Gesellschaftsvertrag.
Problematisch beim Zusammenschluss von mehreren Verlagen zu einer Kooperation ist die Möglichkeit von Preis- und Rabattabsprachen, also die Bildung eines Kartells. Da Kartelle in Deutschland grundsätzlich verboten sind, mussten eindeutige Regelungen im Vertragstext enthalten sein, die solche Absprachen verhindern. Daher heißt es im „Gesellschaftsvertrag der Firma UTB": „Die Geschäftsführer beschließen allein, ohne dabei an Beschlüsse oder Weisungen der Gesellschafter gebunden zu sein, über die Rabatte und Konditionen, zu denen die Gesellschaft ihre Titel veräußert." Über den Ladenpreis seines Titels sollte jeder Gesell-

Die Preisangabe auf der U4 der utb-Bände entfällt.

1982
798 lieferbare Titel

Die Große Reihe wird eingeführt – das L-Format.

1983
784 lieferbare Titel

schafter selbstständig entscheiden, ohne dass andere auf seine Preisbildung Einfluss haben.
Der Gesellschaftsvertrag bestimmte die Einheitlichkeit des Coverlayouts der Reihe und die möglichen Literaturgattungen. Außer „Verlag und Vertrieb von wissenschaftlichen Büchern und anderen wissenschaftlichen Lehrmaterialien, insbesondere von Taschenbüchern für Universitätsstudenten" sollte utb auch die Werbung für die Reihe betreiben. Die Gesellschaft ist laut Vertrag auf unbestimmte Zeit errichtet. Als Kündigungsfrist für Gesellschafter war mindestens ein halbes Jahr vorgeschrieben, Kündigungstermin konnte nur das Ende eines Jahres sein.

Konzerne, Austritte, Wachstum

Scheidet ein Verlag aus, wird den verbliebenen Gesellschaftern der freiwerdende Geschäftsanteil zum Kauf angeboten. Üblicherweise übernimmt utb diesen Anteil treuhänderisch, bis ihn ein neuer Gesellschafter kauft. Auf diese Weise kommt es nicht zum Ungleichgewicht, dass einer der Gesellschafter mehr Anteile an utb besäße als ein anderer und deshalb im Fall einer Abstimmung über mehr Stimmen verfügt. Für eine Übergangsfrist von einem halben Jahr nach Ausscheiden darf der Gesellschafter seine vorhandenen Bestände im Rahmen der utb-Auslieferung verkaufen. Danach erlischt sein Recht, das Signet der utb-Reihe zu benutzen. Ein Gesellschafter kann auch, wenn er seine Pflicht grob vernachlässigt, wenn er Insolvenz anmeldet, oder sich die Besitzverhältnisse an seinem Unternehmen wesentlich ändern, ausgeschlossen werden. Ausgenommen von der letztgenannten Regelung sind Inhaberwechsel, wie sie in Familienunternehmen im Rahmen einer Erbregelung auftreten. Verkauft ein Gesellschafter mehr als 50 Prozent seines Verlags, so benötigt er 75 Prozent aller Stimmen der Gesellschafter, um einen Verbleib in der utb zu erreichen. Der Ausschlussgrund „Änderung der Besitzverhältnisse" ist bis heute der einzige je in Kraft getretene. De facto bedeutete dies meist eine Übernahme durch einen Konzern, wobei der Ausschluss manchmal durch Austritt vorweggenommen wurde. Roland Ulmer beschreibt 2004 im Gespräch die Folgen dieses Vorgehens:

„Wir wollten keine Konzerne in der UTB und haben den Westdeutschen Verlag rausgeworfen. Der nächste, der gekauft wurde, war der Steinkopff Verlag. Mit dem haben

Die freien Handelsvertreter Paul Malbeck, Karl Kirchner, Horst-Egon Münzenberg stellen das utb-Programm dem westdeutschen Buchhandel vor.

1984
784 lieferbare Titel

1. utb-Konditionsreform

1985
Neuordnung der Staffel- und Barsortimentsrabatte

wir verhandelt. Er ist von selber ausgetreten, weil er sich den Rauswurf ersparen wollte. Bei Birkhäuser hat sich das wiederholt. Langsam zeichnete sich die Gefahr der Austrocknung ab, dadurch dass die UTB immer weniger Gesellschafter hatte. Dann hat man aufgegeben zu sagen, den werfen wir raus, sobald er unter ein Konzerndach geht, sondern war froh, wenn er in der UTB geblieben ist."

Die Ausschlüsse und Austritte bedrohten utb nicht in ihrer Existenz, sorgten jedoch immer wieder für Umsatzausfälle größeren Ausmaßes, wie es Volkmar Kalki 2004 schildert:

„Ein Beispiel für einen Ausschluss: im Jahr '73 wurde der Westdeutsche Verlag an Bertelsmann verkauft. Es gab in UTB ein ungeschriebenes Gesetz: Konzernverlage niemals in UTB! Also wurde der Westdeutsche Verlag ausgeschlossen. Auf einen Schlag verlor UTB 350 bis 400 Tausend DM Umsatz. Aber wir steckten den Verlust durch exorbitantes Wachstum weg."

Dies verdeutlicht das Wachstum des relativ jungen Unternehmens, das in den folgenden drei Jahren weiterhin Umsatzzuwächse von zwischen 17 und 63 Prozent verzeichnen konnte. Bis 1986 kann von stetigem Wachstum gesprochen werden, bis sich der jährliche Umsatz bei etwa 7 Millionen DM einpendelte.

Infolge der deutsch-deutschen Wiedervereinigung gab es erneut einen außerordentlichen Anstieg des Umsatzes. Doch die der Wiedervereinigung vorausgehende Stagnation ließ erkennen, dass das Umsatzwachstum endlich ist. Diese Erkenntnis gehörte zu den Gründen, weshalb das in den Anfangsjahren rigorose Vorgehen bei Verlagsübernahme durch einen Konzern schließlich modifiziert wurde. Auf einer Sonder-Gesellschafterversammlung anlässlich der Mehrheitsbeteiligung des Konzerns Holtzbrinck am Gustav Fischer Verlag 1992 wurde die „Konzernklausel" beschlossen und in den Gesellschaftsvertrag aufgenommen. Sie besagt, dass im Falle einer wirtschaftlichen Identität mehrerer Gesellschafter bzw. deren Zugehörigkeit zum selben Konzern diese bei Abstimmung über wesentliche und im Gesellschaftsvertrag genau festgelegte Beschlüsse nur über eine gemeinsame Stimme verfügen. Damit war die Gefahr der Übernahme der utb durch

Die „RGG 3" erscheint als Studienausgabe bei utb.

Die Zahl der Studierenden geht zurück.

1986
744 lieferbare Titel

1987
704 lieferbare Titel

einen Konzern oder einen großen Verlag gebannt. Diese Konzernklausel ermöglichte es dem umsatzstarken Gustav Fischer Verlag (nach Zustimmung der übrigen Gesellschafter), Mitglied der Kooperation zu bleiben. Die Gefahr der Vormachtstellung eines einzelnen Unternehmens innerhalb von utb durch Aufkäufe von Gesellschafterverlagen, oder gar das Risiko einer „feindlichen Übernahme" war gebannt.

Mittelstandsideologie

Dennoch bleibt die Frage, wie sich die Akzeptanz von Konzernverlagen als Gesellschafter mit der Mittelstandsideologie von utb verträgt, denn

„UTB war (und ist?) ein Zusammenschluss der mittleren und kleineren wissenschaftlichen Verlage, die ihre Produktionskraft hier bündelten, um gegen die Großen im wachsenden Wissenschaftsmarkt bestehen zu können. Und bei UTB hatten die Verleger das Sagen und keine anonymen Konzerndelegierten", so Volkmar Kalki.

Bei Auswahl der Gründungsmitglieder wurde darauf geachtet, dass es sich möglichst um Mittelstandsunternehmen handelte, am besten um Familienunternehmen. Dies zeigte sich auch bei später aufgenommenen Verlagen wie Wilhelm Fink München, Paul Haupt Bern oder Leske + Budrich Opladen.

Roland Ulmer 2004: *„Ursprünglich war der Gedanke der gewesen, dass sich die mittelständischen Verlage zusammen tun, um ein Angebot hinzustellen, wie es sonst nur die Großen könnten, also eine Selbsthilfeidee."*

Erst durch die Aufkäufe von Gesellschafterverlagen durch große Unternehmen oder Konzerne und ganz besonders durch den Fall des Gustav Fischer Verlags wurde ein Umdenken erforderlich. Die Verlagslandschaft hatte sich seit den siebziger Jahren grundlegend geändert. Das „Auf und Ab der Firmen" brachte sehr viel Unsicherheit in die utb. Die Änderung der Besitzverhältnisse betraf laut Volkmar Kalki nach „kurzer UTB-Zeit [...] mehr als fünfzig Prozent der Gesellschafterverlage".
Wulf D. von Lucius begründet die Änderung der Unternehmenspolitik folgendermaßen:

„Wir sind jetzt mittlerweile so selbstbewusst, dass wir sagen: Das packen wir auch noch. Denn die [Konzernverlage] müssen sich ja

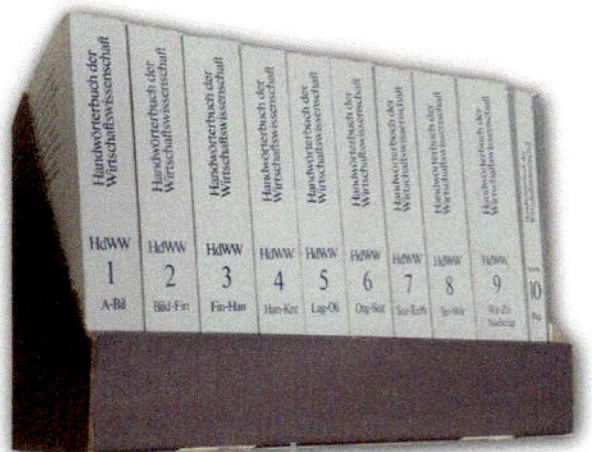

Das „HdWW" erscheint als Koproduktion der Verlage G. Fischer, Mohr und Vandenhoeck.

1988
722 lieferbare Titel

1989
Fall der Berliner Mauer
734 lieferbare Titel

unseren Gebräuchen anbequemen, dieses Fünfzehntel der Gesellschafterstimmrechte kann uns ja nicht stören. Insofern sind wir da sicher selbstbewusst und haben primär den Qualitätsanspruch. Solange ein Programm läuft, sagen wir heute nicht, wie damals dem Westdeutschen Verlag […]: Ihr müsst ausscheiden. Aber das war eben in der Mitte der siebziger Jahre und jetzt sind wir fünfundzwanzig Jahre klüger oder sagen wir: Die Welt hat sich geändert und heute sind wir da eher entspannt."

Der amerikanische Traum: utb international

Ein Beispiel für unternehmerischen Mut, zugleich ein Gegenbeispiel des sonst angestrebten Konsenses und der strikten Ablehnung von Konzernverlagen vor 1992 ist das Projekt utb international. Volkmar Kalki erinnert sich:

„Harper & Row, der große, internationale, amerikanische Verlag hatte eine Niederlassung in Holland, die leitete Frau Bruno. Eines Tages kam Frau Bruno nach Stuttgart und sagte, UTB wäre eine feine Sache und ob sie nicht Mitglied werden könnten."

Ein Eintritt von Harper & Row, einem weltweit operierenden Konzern mit Niederlassungen u.a. in Sydney, Toronto, São Paulo, Melbourne und Tokyo, kam natürlich aufgrund der utb-Mittelstandsideologie nicht infrage. Aber der amerikanische Traum war geboren: Wie wäre es mit einem Tauschgeschäft, bei dem der eine die Bücher des anderen in der jeweiligen Landessprache vertreiben würde? Die Idee von ins Englische übersetzten utb-Lehrbüchern, die man in Amerika kaufen konnte, war zu verlockend.

1979 wurde utb international gegründet und Harper & Row New York – bei einigen Gegenstimmen – in die utb aufgenommen. Es war allerdings keine Mitgliedschaft wie die der übrigen Gesellschafter. Stattdessen sah die Vereinbarung vor: Harper & Row verlegt amerikanische Lehrbücher in deutscher Sprache bei utb, utb verlegt deutsche Lehrbücher in englischer Übersetzung in den USA. Der Verkauf der Bücher aus dem Programm von utb international sollte von Harper & Row weltweit organisiert werden. Während die amerikanischen Lehrbücher innerhalb des utb-Programms gute Absatzzahlen erzielten, insbesondere der Titel

Beginn der Zusammenarbeit mit dem DDR-Buchhandel

1990
715 lieferbare Titel

erster Cover-Relaunch

1991
694 lieferbare Titel

„Geographie“ von Peter Haggett, lief die Aufnahme der utb-Bücher in das Programm von Harper & Row nur schleppend an.
Der Ulmer Verlag ließ zwei seiner Uni-Taschenbücher übersetzen. Es handelte sich dabei um „Anatomie und Physiologie der Haustiere“ von Klaus Loeffler und um „Pflanzenphysiologie“ von Dieter Heß. Die Manuskripte wurden per Post nach New York zu Harper & Row geschickt. Die Kommunikation mit dem amerikanischen Partner gestaltete sich schwierig, was zum einen an der großen räumlichen Entfernung, zum anderen am ständig wechselnden Personal des Konzernverlags lag. „Aber es geschah ein Wunder“, so Kalki, „Ulmers Titel kamen in je einem Belegexemplar nach Stuttgart. Das blieb aber die einzige Reaktion“ – weder Rechnungen noch Umsatzmeldungen trafen ein.
Die unbefriedigende Situation endete mit dem Ausschluss aus der utb im Jahr 1987, nachdem Harper & Row von Rupert Murdoch übernommen worden war. Nach dem Ausschluss wurden die Bestände der im utb-Programm erschienen Harper & Row-Titel ausverkauft. Ulmer erlangte eine Lizenz für den absatzstarken Titel „Geographie“, der noch mehrere Auflagen lang im utb-Programm war und so an den amerikanischen Traum der utb erinnerte.

Kollegiale Verbundenheit

„Es ist ja überhaupt eines der Geheimnisse für das so lange gute Funktionieren der UTB“, sagt Wulf D. von Lucius im Interview anlässlich des Jubiläums, *„dass es nicht nur eine gut gestaltete Organisation ist, sondern dass eine kollegiale Nähe und oft auch Freundschaft entstanden ist.“*

Die Verbundenheit – gegenüber den Kolleg*innen der anderen Verlage, aber auch der gemeinsam gelebten Idee gegenüber, für Studierende ein möglichst flächendeckendes, qualitativ hochwertiges und bezahlbares Angebot zu bieten – ist vielfach in der utb-Geschichte spürbar.
Es ist geradezu symptomatisch, dass manche Bücher und Inhalte zwar den Verlag wechselten, nicht aber utb verließen. So erging es den Büchern des Gustav Fischer Verlags, einem der Gründerverlage der utb. Dieser wurde 1993 von Holtzbrinck aufgekauft. Der damalige Geschäftsführer (und utb-Gründungsmitglied) Wulf D. von Lucius kaufte wenige Jahre später, 1996, die früheren utb-Wiso-Titel von Holtzbrinck zurück

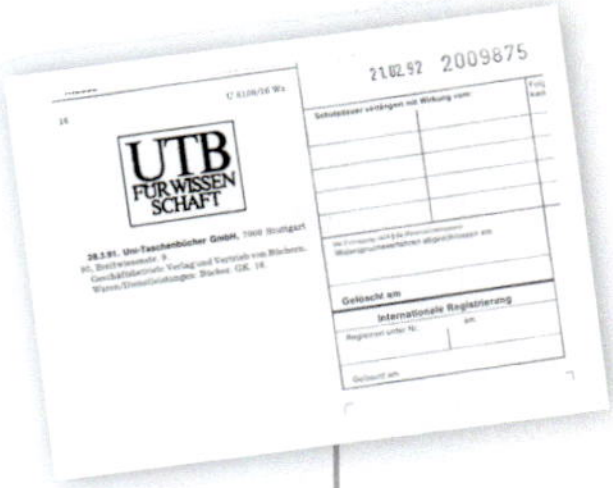

UTB FÜR WISSENSCHAFT wird als Warenzeichen beim Patentamt angemeldet.

utb wird assoziiertes Mitglied der ASPI.

1992
704 lieferbare Titel

1993
699 lieferbare Titel

und gründete seinen eigenen Verlag, die Lucius & Lucius Verlagsgesellschaft mbH Stuttgart. Dieser neu gegründete Verlag wurde wiederum Mitglied bei utb, sodass auch die besagten Bücher weiter unter dem utb-Logo erscheinen konnten, auch wenn der Holtzbrinck-Verlag nicht mehr Gesellschafter der utb war.
Über seine neue Rolle mit eigenem Verlag bei utb sagte Wulf D. von Lucius:

„Ich war eines der Gründungsmitglieder, wir haben immer nennenswerte Umsatzbeiträge gemacht, auch als Gustav Fischer waren wir jahrelang die Nummer eins in Umsätzen. Also ich habe meine Rolle überhaupt nicht verändert."

Im Januar 2011 hat die Verlagsgesellschaft UVK (seit 2001 Mitglied der utb) dann das komplette utb-Programm von Lucius & Lucius mit den Programmschwerpunkten Wirtschaft und Soziologie übernommen. So konnte Wulf D. von Lucius in den Ruhestand gehen, die Bücher aber bei utb bleiben. Und damit hören die personellen und inhaltlichen Verflechtungen noch längst nicht auf. Der Francke Verlag, auch Gründungsmitglied, wurde 1984 von Carl Lang an Gunter Narr in Tübingen verkauft. Der Francke Verlag blieb trotz anderer Besitzverhältnisse utb-Mitglied. 2018 wechselte die UVK Verlagsgesellschaft (München/Konstanz) unter das Dach des Wissenschaftsverlags Narr Francke Attempto (Tübingen). Das Programm des Francke-Verlags wurde somit um rund 400 Titel aus den Bereichen Wirtschaft, Tourismus, Gesundheit, Politik, Medien und Sozialwissenschaften erweitert, darunter zahlreiche utb-Titel, die auf diese Weise im utb-Programm bleiben konnten.

Die Verlage Mohr Siebeck und Ulmer sind seit der Gründung bis heute utb-Gesellschafter – über mehrere Generationen hinweg. Auch der Name Budrich ist eng mit der utb-Geschichte verflochten. 1974, also kurz nach der Gründung der utb, trat der von Edmund Budrich frisch gegründete Leske + Budrich Verlag Opladen der Vertriebskooperation bei. 2003 wurde der Verlag vom damaligen Bertelsmann Springer Verlag übernommen. Eine der Lektorinnen, die Tochter von Edmund Budrich, Barbara Budrich, gründete daraufhin 2004 ihren eigenen Verlag, den Verlag Barbara Budrich. Zwar konnten diesmal nicht die Bücher von Leske + Budrich im utb-Programm verblei-

Die Zunahme von Großbuchhandlungen und der aufkommende Online-Buchhandel verändern die Sortimentsstruktur.

1994
750 lieferbare Titel

Jubiläumsband:
Karl Popper Lesebuch
utb 2000

1995
795 lieferbare Titel
25 Jahre utb

ben, aber die personelle Konstante – und mit ihr viel Know-how, Autor*innenkontakte und ein großes Netzwerk – wurde mit dem Eintritt des neu gegründeten Verlags in den utb-Kreis zum 1. Juli 2005 wiederhergestellt. Einige Bücher stehen besonders für diese Kontinuität, die man dem utb-Modell bei aller Wandelbarkeit, allen Ein- und Austritten von Verlagen vielleicht nicht zugetraut hätte: eines der ersten bei utb erschienenen Bücher, „Anatomie und Physiologie der Haustiere" mit der Bandnummer 13 aus dem Ulmer Verlag, ist heute in 15. Auflage lieferbar. Das Buch war sogar kurzzeitig (1986) als englischsprachige Ausgabe im Rahmen der Zusammenarbeit mit Harper & Row verfügbar. Auch weitere Bände aus den Anfangsjahren der utb erwiesen sich als echte Longseller. Beispielsweise das „Arbeitsbuch zum Neuen Testament" mit der Bandnummer 52 aus dem Mohr Siebeck Verlag ist inzwischen in 14. Auflage lieferbar.

Anlässlich seines 70. Geburtstags lud Wulf D. von Lucius, der schon über die Hälfte seines Lebens mit utb befasst war, die Gesellschafter*innen zum Umtrunk und beschloss seine Ansprache mit der Abwandlung eines bekannten Zitats von Loriot: „Ein Leben ohne UTB ist zwar denkbar, wäre aber sinnlos."

Die Autor*innen

Viele der aktuellen Lehrbuchautor*innen bei utb haben bereits in ihrem Studium mit utb-Büchern gearbeitet. Alexander Hennig, Autor von wirtschaftswissenschaftlichen Lehrbüchern bei utb:

„Wenn ich utb höre, denke ich immer noch als erstes an mein eigenes Studium und die charakteristisch roten Bücher, die sich auf meinem Schreibtisch stapelten. Als Student habe ich die preisgünstigen Bücher mit ihren zuverlässigen, aktuellen und gut strukturierten Informationen geschätzt. Heute bin ich der Hochschullehrer und empfehle die utb-Bücher meinen Studierenden. Dabei bin ich beim Blick in den Verlagskatalog immer wieder überrascht, wie breit und tief die Themenpalette bei utb ist."

Alle Autor*innen bekommen mit der Ankündigung ihres Buches in der Buchhandelsvorschau (die das Lehrbuch-Programm des kommenden Halbjahres enthält) einen ersten Werbeflyer für ihr Buch. Das Verschicken von Vorschau und Flyer an die Autor*innen setzt eine Portion gesunden Menschenverstand voraus: Leicht könnte sonst jemand auf die Idee kommen, beim

CD-ROM-Produktion unter dem Zeichen UTB electronic.

1996
839 lieferbare Titel

Einführung EAN-Code

1997
867 lieferbare Titel

Gesellschafterverlag nach der Adresse des Soziologen Max Weber zu fragen (der bereits 1920 an der Spanischen Grippe verstorben ist). Von Max Weber stammt auch der Jubiläumsband zum 50-jährigen Bestehen der utb mit der Bandnummer 5000: „Wissenschaft als Beruf/Politik als Beruf". Vier weitere Bände seines Werkes sind bei utb erschienen.

Der erste Jubiläumsband zum 10. Geburtstag von utb mit der Bandnummer 1000 war von Kurt Salamun, dem damals gerade einmal 40-jährigen österreichischen Philosophen, und trug den Titel „Was ist Philosophie?". 25 Jahre utb wurden mit dem „Karl Popper Lesebuch" (Bandnummer 2000) gefeiert, in dem sich ein Querschnitt durch das Werk des gefragten österreichisch-britischen Philosophen befindet.

Apropos Jubiläum: Zu seinem 100. Geburtstag wollte das PR-Team von utb 1999 nach Heidelberg fahren, um Hans-Georg Gadamer zu interviewen. Das gesammelte Werk des deutschen Philosophen, inklusive des für die philosophische Hermeneutik grundlegenden Werks „Wahrheit und Methode" von 1960, mit dem Gadamer international bekannt wurde, war zu dieser Zeit bei utb lieferbar. Allerdings wurde der Philosoph an diesem Tag leider krank, so dass der Termin ausfallen musste.

Neben Klassikern wie dem bedeutenden Nationalökonomen Joseph A. Schumpeter (bei utb: „Kapitalismus, Sozialismus und Demokratie"), dem Schriftsteller und Semiotiker Umberto Eco (bekannt v.a. durch seinen Roman „Der Name der Rose", bei utb mit „Einführung in die Semiotik" und „Wie man eine wissenschaftliche Abschlussarbeit schreibt"), dem französischen Literaturwissenschaftler Gérard Genette (bei utb: „Die Erzählung") oder dem deutschen Soziologen und Gesellschaftstheoretiker Niklas Luhmann (bei utb: „Macht" und „Vertrauen") finden sich auch zahlreiche Wissenschaftler*innen im utb-Programm, die uns täglich in den Medien als Expert*innen z.B. für Klimawandel, Politik oder Zeitforschung begegnen. Mojib Latif etwa, der sich seit 30 Jahren um Aufklärung über die Klimakrise bemüht und v.a. in den ARD-Anstalten, aber auch beim ZDF als Klima-Experte auftritt. Bei utb sind seine Lehrbücher „Globale Erwärmung" sowie „Klimawandel und Klimadynamik" lieferbar. Oder Hartmut Rosa, der vom tagesspiegel als „einer der führenden deutschen Soziologen und Zeitforscher" bezeichnet wird. Zu verschie-

Einführung der Mittleren Reihe, das M-Format, und Relaunch der utb-Covergestaltung durch Grafiker Jürgen Reichert

1998
858 lieferbare Titel

Volker Hühn wird Geschäftsführer.

1999
804 lieferbare Titel

denen Zeiterscheinungen, jüngst zur Corona-Krise, wird er regelmäßig von deutschlandweiten Medien wie Zeit, Süddeutsche, taz oder Deutschlandfunk befragt. Bei utb ist er an vier soziologischen Lehrbüchern beteiligt. Auch Martin Linne, Autor zweier einführender Lehrbücher zum Tourismus und Tourismusmarketing bei utb, wurde bereits für verschiedene ARD-Sendungen (z.B. Faktencheck zu hartaberfair oder tagesschau) als Tourismus-Experte herangezogen. Fun fact am Rande: Ehe Linne als Tourismus-Kritiker öffentlichkeitswirksam über Sinn und Unsinn von Billigflügen und Kreuzfahrten urteilte, ging seiner 20-jährigen Erfahrung als Destinationsmanager auf Helgoland und in Wilhelmshaven, als Berater, Hochschuldozent, Forscher und Autor eine Lehre zum Fleischer voraus.

Auch der Philosoph und ehemalige Kulturstaatsminister Julian Nida-Rümelin gehört mit einem zweibändigen Handbuch zu Philosophie und Ethik zum illustren Kreis der utb-Autor*innen. Im besten Sinne „ausgezeichnete" Didaktiker*innen gehören ebenso dazu, beispielsweise die Kommunikationswissenschaftlerin Claudia Mast, die mehrfach beim Wettbewerb „Professor des Jahres" gewonnen hat. Sie wurde insbesondere für den berufsbezogenen Anteil in ihrer Lehre ausgezeichnet. Einigen Autor*innen ist es gar gelungen, mit ihren utb-Büchern neue Schwerpunkte in der Forschung zu verankern, so wie den Autoren des Lehrbuchs der Psychotraumatologie. Der Psychotherapeut Gottfried Fischer gilt als der Begründer der Psychotraumatologie in Deutschland.

PISA-Schock – utb basics

2002 befragte der SPIEGEL den damaligen Geschäftsführer Volker Hühn zu den Lesegewohnheiten der Studierenden. utb hatte innerhalb einer Befragung von Studierenden und Dozent*innen herausgefunden, dass komplexe 400-seitige Fließtext-Werke von Studierenden nicht mehr gelesen, geschweige denn verstanden werden konnten. Dies spiegelte die damaligen PISA-Ergebnisse wider. Bei der ersten PISA-Studie im Jahr 2000 landete Deutschland im internationalen Vergleich auf Platz 21. Grund waren unter anderem die schlechte Lese- und Schreibkompetenz. Aber auch in allen anderen Kompetenzen schnitten die Deutschen schlechter als der Durchschnitt ab. Und das im Land von Humboldt, Goethe, Schiller und Nietzsche! Ein tief sitzender

utb tritt der Vertriebskooperation der Verlage Böhlau/ Primus/WBG bei.

2000
787 lieferbare Titel

Silvia Lörke und Silke Trost reisen als festangestelltes Außendienstteam für die Vertreterkooperation forum independent.

2001
804 lieferbare Titel

> „ utb mit freundlichen Grüßen

utb mit freundlichen Grüßen
Ihr seid die allergrößten und wir stehen drauf
Wir gehen auf
In einem Leben voller Rot und Blau
Bevor wir fallen, fall'n wir lieber auf

VE, PK und GV
Fink und Schöningh
Reinhardt und Haupt
Barbara Budrich und Julius K.
Mohr Siebeck Tiralala

Francke, Lucius und V&R
Aus Zürich kam der vdf daher
Böhlau W und Böhlau K
die Historiker sind beide da

Facultas aus Wien war mit mir am Start
Der WUV ein wichtiger Part.
Im Gegensatz zu mir sind sie heute noch da
So wie UVK ohja ohja

utb mit freundlichen Grüßen
Ihr seid die allergrößten und wir stehen drauf
Wir gehen auf
In einem Leben voller Rot und Blau
Bevor wir fallen, fall'n wir lieber auf

AWS und Brockhaus,
Bomhardt und Meunier
Alles für den Handel
Oh yeah, yeah, yeah

Der erste Schritt wurd mit Forum getan,
Silvia Lörke immer vorne dran.
Im Team mit Silke Trost die Republik bereist
Sie rockten den Laden, ganz ohne Scheiss

Volkmar Kalki, VH und Salzmann
Seit ein paar Jahren ist der Platiels Jörg dran.
Susanne Ziegler, ein Team voller Frau'n
Sie tun alles, was die GV erlaubt

Siebeck, Schöningh, ein starkes Team
das als GF mir den Rücken frei hielt.
Michel Huter kam als nächster dran
Matthias Ulmer und Walter Engstle ja Mann

Große Reihe utb M
Für die Basics gab ich mein letztes Hemd
Die Profile waren der letzte Schrei
Leider war'n zu wenig Leser dabei

utb mit freundlichen Grüßen
Ihr seid die allergrößten und wir stehen drauf
Wir gehen auf
In einem Leben voller Rot und Blau
Bevor wir fallen, fall'n wir lieber auf

frei nach Fanta 4: „Mit freundlichen Grüßen“

Freundliche Grüße aus der Heimatstadt der Fanta 4. Zufälligerweise dieselbe Stadt, in der die utb beheimatet ist. Allerdings entwickelte sich dort in den Jahren 1999–2009 „Die Fantastischen Neun". Aus einem kleinen Team von vier Frauen wurde mit der Zeit eine schlagkräftige Frauschaft.

Große Töne wie die Rap-Kollegen wurden nie gespuckt – eher tat man das in die sich regenden Hände. Alles für die Gesellschafter, das war die Devise und war gleichzeitig Teil des Spagats, der über all die Jahre erfolgreich gelang. Nach innen Dienstleistungsmentalität, immer im Rahmen der utb-Gesetze, nach außen dann doch ein wenig Rapper-Gepose. Zwar keine Basecaps auf dem Kopf, dafür aber im Kampf mit den Giganten wie VS oder Spektrum immer ein wenig auf dicke Hose machen. Es gelang uns, aus den vielen kleinen Fischen der Einzel-Verlage einen großen roten Fisch in den Ozean des Buchhandels zu entlassen. Ein Fisch, der Eindruck machte und so manches Kleine ganz groß aussehen ließ. Wie in dem wunderbaren Kinderbuch „Swimmy".

Wann wir ganz groß waren? Eigentlich immer dann, wenn die Verlage noch näher zusammengerückt sind und wir die hin und wieder aufkommenden Partikularinteressen hinten angestellt haben. Oder dann, wenn wir bei utb nicht nur den Vertrieb der Produkte, die uns präsentiert wurden, machen durften, sondern mit den Verlagen gemeinsam den Markt analysiert haben. So geschehen als die Studiengänge reformiert wurden und plötzlich das Wort Bachelor gefühlt in jeder zweiten Diskussion vorkam. Zuerst einmal sichten, welche unserer Bände schon bachelor-reif waren. Da denke ich gerne an das große Besprechungszimmer in Paderborn zurück, wo das Team Burr/Sawicki/Hühn alle knapp 2.000 lieferbaren Titel im Sitzungssaal ausgelegt hatte. Die guten ins Töpfchen...

Und dann das große Wunder: Es setzte sich wirklich eine ganze Handvoll Verlage an einen Workshop-Tisch und entwickelte für die weitere Produktion gemeinsam das, was fortan als utb basics stilbildend und umsatzfördernd war. Ein ähnliches Gefühl müssen die Gründer seinerzeit bei der Entscheidung für die roten Cover von Herrn Krugmann empfunden haben.

Als die Unis digital wurden und das Ende der Buchkultur zum x-ten Mal besungen wurde, setzten sich 2008 die Geschäftsführer als Team Ulmer/Engstle/Hühn an einen Tisch und ersannen gemeinsam das Modell utb-studi-e-book. Ein Modell, das 10 Jahre später noch seine Gültigkeit besitzt. Ein unvorstellbar langer Zeitraum in digitalen Maßstäben.

Und nun, was bleibt übrig? Ein tränenreicher Abschied in 2009, der nie abreißende Kontakt zu den Verlagen und den handelnden Personen und 2019 die Teilnahme an einer Gesellschafterversammlung als Programmleiter des Verlags Eugen Ulmer. So schließen sich dann doch manche Kreise.

Volker Hühn

Schock, auf den in Deutschlands Bildungslandschaft vielfältig reagiert werden musste. Bei utb stellte man, abgesichert durch die oben genannte Befragung, fest, dass Studierende inzwischen eher schulbuchartige Lehrbücher brauchten, mit Merksätzen, Grafiken, Einstiegsfragen und Wiederholungen, mit ansprechender Bebilderung, hinter die der Inhalt zurücktreten müsse. Die Frage des SPIEGELS, ob die Studierenden dümmer geworden seien, verneinte der Geschäftsführer. Es gebe allerdings durch die Mediennutzung bedingt geänderte Lesegewohnheiten. Zudem sei ein schneller Studienabschluss immer wichtiger, daher müsse effizienter studiert werden. Wer schnell studieren möchte, braucht übersichtliche Lehrbücher und hat keine Zeit, sich das zu Lernende mühsam aus einem dicken Wälzer zu erarbeiten.

In mehreren Workshops entwickelten die Lektor*innen aus den 16 utb-Gesellschafterverlagen und Kolleg*innen aus Schulbuchredaktionen ein neues Lehrbuch-Konzept für grundlegende Einführungen in knapper, verständlicher und modern didaktisch ausgearbeiteter Form. Ausschließlich relevante Themenbereiche sollten so für alle Studienfächer aufbereitet werden – von der Botanik bis zu den Wirtschaftswissenschaften. Für diese neue Reihe, die utb basics, wurde sogar das eherne Prinzip der Zweifarbigkeit aufgehoben – zum ersten Mal gab es bunte Bücher bei utb! Außerdem besonders: Erstmals wurde mit den basics bei utb fächer- und verlagsübergreifend ein Buchprojekt geplant und zur Marktreife gebracht. Ein schöner Nebeneffekt war, dass von den vielen und intensiven Diskussionen über Didaktisierung von Lehrbüchern, die innerhalb der Gesellschafterrunde geführt wurden, auch zahlreiche Lehrbücher profitierten, die nicht Teil der basics-Reihe waren. Im März 2004 erschienen die ersten acht Bände der basics-Reihe. Direkt im ersten Jahr waren unter den 20 am besten verkauften utb-Büchern acht basics-Titel.

Digitalisierung

Es hieß damals vielleicht noch nicht Digitalisierung – obwohl der Wortstamm aus dem Lateinischen, „digitus“ (Finger, Zehe), auf das Abzählen von Zahlen bis 10 an den Fingern anspielt. Auch im Englischen kann das Wort „digit“ mit „Zahl“, aber auch mit „Finger“ übersetzt werden. Alle Finger zusammen ergeben schon die beiden Grundsätze im Binärsystem: die Zahl 10 wird dar-

erster utb-Gemeinschaftsstand auf der Leipziger Buchmesse (neun beteiligte Gesellschafterverlage)

Die neue Homepage www.utb.de geht online.

2002
790 lieferbare Titel

Mit „Neues von utb“ wird der Buchhandel per Newsletter informiert.

2003
876 lieferbare Titel

gestellt mit 1 und 0, an und aus. Und in der Tat waren in den Anfängen der Digitalisierung nicht nur Computer beteiligt, sondern auch noch jede Menge Handarbeit.
1991 – utb war mittlerweile in eigene Räume in der Breitwiesenstraße in Stuttgart-Vaihingen umgezogen – verfügte gerade einmal die Chefsekretärin über einen Computer. Eine weitere Mitarbeiterin besuchte einen Word-Kurs und durfte diesen PC mitbenutzen, aber die Nutzung entsprach noch im weitesten Sinne der einer elektrischen Schreibmaschine. Auch diese war vorhanden und noch jahrelang im Gebrauch: eine Kugelkopfschreibmaschine von IBM. Mit ihr wurden z.B. die Adressaufkleber für den Versand von Katalogen beschriftet.
1994 gab es bereits zwei Computer im utb-Büro. Zusätzlich zu dem für die Chefsekretärin gab es einen zur allgemeinen Nutzung, der in der Küche der Büroräumlichkeiten stand. Dieser wurde im Wechsel vom damaligen Geschäftsführer Volkmar Kalki und den Mitarbeiterinnen genutzt. Es gab eine einzige E-Mailadresse für alle. Der Rest war Handarbeit: An der Wand hingen die „Tafeln", auf denen zu jedem Titel der Lagerbestand vermerkt wurde. Das waren Zettel mit den bibliografischen Angaben zu jedem Buch, die um Vertriebsinformationen ergänzt wurden. Der Name kam wegen der Platzierung zustande, weil sie an der Wand hingen, wie im Klassenzimmer vorne die Tafel. Der Status des Titels wurde mit verschiedenfarbigen Aufklebern auf diesen Tafeln markiert. Auch heute noch wird im utb-Vertrieb mit dieser – allerdings inzwischen digitalen – Liste gearbeitet.

Das Internet begann 1991 mit dem World Wide Web seinen Siegeszug. Dass es das Internet gab, bedeutete aber noch lange nicht, dass man rein kam. Dazu wurde ein Modem und ein Kabel zur Telefonsteckdose benötigt. Abgerechnet wurde in Minuten – wie beim Telefonieren. Lief beides über dieselbe Leitung, konnte man nur telefonieren oder sich ins Internet einwählen, nicht aber beides gleichzeitig.
1997 wurde mit der „ARD-Online-Studie" die erste Repräsentativerhebung im deutschsprachigen Raum zur Internetnutzung durchgeführt. Damals waren gerade einmal 6,5 Prozent der Bundesdeutschen online. Vor diesem Hintergrund lässt sich der Innovationsgeist der utb gleich besser erkennen: Bereits 1995 gab es mit einer Website über den Iudicium Verlag München einen ersten

Anfang April werden die ersten acht basics-Bände ausgeliefert.

Die basics-Reihe wächst. Bis Ende des Jahres sind 22 Bände lieferbar.

2004
936 lieferbare Titel

2005
958 lieferbare Titel

Internetauftritt der utb. Wurden Titel geändert, gestrichen, oder kamen neue hinzu, wurde dies an den Iudicium Verlag gemeldet, damit die Änderungen im Internet auch vorgenommen werden konnten.

Es gab damals nur begrenzte Möglichkeiten, ins Netz zu kommen. Aber eines Abends im Jahre 1996 besuchte eine utb-Mitarbeiterin einen Bekannten, der über einen Zugang zum Internet verfügte. Sie erinnert sich noch heute, was für ein Aufsehen ihre Erzählung am nächsten Tag im Büro erregte: Sie hatte die utb-Homepage im Internet gesehen!

Zum September 1996 waren dann alle lieferbaren und in Vorbereitung befindlichen utb-Titel nicht nur bibliografierbar, sondern auch mit einem beschreibenden Text im Internet versehen. 2002 gab es die eigene URL: Die neue utb-Homepage ging unter www.utb.de online.

In Verbindung mit einer neuen Datenbank wurde 2009 ein Website-Relaunch vorgenommen. Ein eigener Shop (mit Partnerprogramm für den Buchhandel) war unter www.utb-shop.de verfügbar. Auf der Website wurde sehr viel Wert auf zielgruppengerechte Ansprache gelegt: Studierende sollten unter dem Motto „Mein Studium. Mein UTB“ Tipps zum Studium bekommen, utb-mehr-wissen, eine Lernplattform, war nun eingebunden. Dozent*innen fanden über den „Dozentenservice“ den direkten Draht zur richtigen Mitarbeiterin und konnten Zusatzmaterialien für die Lehre downloaden. Buchhändler*innen konnten sich unter anderem über UTB:forum, den damaligen Außendienst der utb, informieren, an Werbeaktionen teilnehmen und Arbeitsunterlagen downloaden. Bibliothekar*innen erhielten im Bibliotheksbereich einen Überblick über alle wichtigen Informationen rund um das E-Book-Angebot utb-studi-e-book. Auch das gute alte Gesamtverzeichnis war vertreten und auf der Website downloadbar.

Die Digitalisierung nahm Fahrt auf und der neue utb-Geschäftsführer Bertram Salzmann war in seinem Element. Er verglich 2010 die Online-Entwicklung von utb mit einer Rakete, die in mehreren Stufen zündet. Mit der neuen Homepage, dem Viewer-Update bei utb-studi-e-book, der Microsite zum Wörterbuch Erwachsenenbildung und dem Einstieg ins Online-Marketing sei 2010 die Zündung zumindest einer Stufe erfolgreich gelungen.

Der utb-Blog und die unterschiedlichen Social Media-Plattformen taten ihr Übriges,

1. Runder Tisch mit Bibliothekar*innen und utb-Gesellschafterverlagen

UTB:forum startet zum 1. Januar 2007.

2006
942 lieferbare Titel

2007
1.010 lieferbare Titel

um Leser*innen und Verlag zusammenzubringen. Seit Oktober 2009 postet utb auf www.facebook.com/UTBStuttgart alles rund um Autor*innen, Bücher, Verlagsleben, Infos zum Studium und Vieles mehr. Und seit Februar 2010 gibt es auf twitter.com/utb_stuttgart Infos rund um die Hochschulwelt. Über diese Kanäle kann unkompliziert Kontakt aufgenommen und manches Problem auf kleinem Dienstweg ausgeräumt werden – ein direkter und überaus praktischer Draht zu Kund*innen, Autor*innen oder Kolleg*innen, oder, andersherum, zu utb. Auch Instagram (https://www.instagram.com/utb_verlag_studium) bereichert seit 2016 das Portfolio. So manches Gewinnspiel wurde auf diesen Plattformen durchgeführt, News aus dem Verlagsleben geteilt, Infos aller Art gestreut und immer wurden die sozialen Medien genutzt, um zuzuhören, was Studierende und Dozent*innen zu sagen haben.

Auch seither steht das Rad nicht still. Ein weiterer Relaunch fand im Oktober 2016 statt. Seit 2017 gab es mit einem ersten Workshop Überlegungen zu einer umfassenden Plattform. 2019 wurde der Vertrag mit Atypon für die neue Plattform unterzeichnet, die ab 2021 Wirklichkeit werden soll: eine Distributionsplattform für alle utb-Angebote. Diese Kooperation sei ein weiterer Schritt in der strategischen Ausrichtung der Verlagskooperation auf die digitale Zukunft, bei der das Gedruckte nach wie vor seinen Platz behauptet, aber durch digitale Angebote sinnvoll erweitert wird, heißt es in der utb-Pressemitteilung. Die geplante Plattform wird im ersten Schritt die bestehenden Angebote utb-studi-e-book und scholars-e-library (s. S. 47ff.) technisch zusammenführen. Geplant sind weitere Ausbaustufen, um Lehre und Wissenschaft an den Hochschulen zu unterstützen. Für mittelständische wissenschaftliche Verlage eröffnen sich somit neue Möglichkeiten, ihr digitales Programm professionell zu vertreiben. Geschäftsführer Jörg Platiel führt weiter aus:

„Wie das Lehrwerk der Zukunft definitiv aussehen wird, wissen wir natürlich noch nicht. Aber dass Studierende und Dozentinnen und Dozenten zukünftig nicht mehr das eine Lehrbuch als Basis für alles verwenden werden, liegt auf der Hand. Wir sehen das bei unseren Kundenbeobachtungen und -analysen, wir nehmen das in Gesprächen mit Stu-

Das digitale Angebot für Bibliotheken startet mit 500 Lehrbücher im Gebührenmodell.

utb. utb-studi-e-book

2008
Vernissage bei utb
1.138 lieferbare Titel

2009
1.173 lieferbare Titel

dierenden und Lehrenden wahr und wir erkennen das an der Nutzung verschiedenster neuer Angebote. Wir glauben nach wie vor an das Buch. Aber es wird eben nicht wie früher alle Materialien enthalten, sondern nur noch die Inhalte, die den Studierenden über dieses Medium am besten vermittelt werden können. Deshalb werden wir die Zukunft mit einem Gesamtkonzept aus neuen – digitalen und gedruckten – Angeboten gestalten. Dazu werden wir mit unseren Partnern Ideen schrittweise testen und im Erfolgsfall weiter ausbauen."

Mit Atypon hat utb einen Partner gefunden, der sowohl neue technische Formate mitdenken, als auch die Sichtbarkeit der Titel durch ein kluges Metadatenmanagement erhöhen kann. Als internationaler Anbieter ist Atypon auch in der Lage, den Vertrieb von Informationen und Wissen für Hochschulen weiterzuentwickeln, Erfahrungen aus der globalen Wissenschaftscommunity aufzunehmen und die Grenzen zwischen Lehrangebot und wissenschaftlicher Literatur aufzuheben.

Matthias Ulmer, Verleger und Mitglied des utb-Beirats, sieht die Stärke der utb im partnerschaftlichen Vorgehen der Verlage:

„Das bietet in der Entwicklung und Distribution neuer Angebote große Vorteile. Kleine und mittlere Wissenschaftsverlage stehen alle vor der Aufgabe, in eine Publikationsinfrastruktur zu investieren. Das ist neben der Frage der finanziellen Mittel auch eine Frage von personellen Kapazitäten und Sachkenntnis. Metadatenmanagement, Empfehlungsmarketing, KI-basierte Analysen – das sind einige der Themen, die nur im Verbund gelingen können. Die utb bietet den Verlagen die Chance, selbstständig zu bleiben und dennoch den Autoren das technische Umfeld und Know-how eines großen Wissenschaftsverlags bieten zu können."

Für die externe Projektleitung konnte Harald Henzler gewonnen werden. Als Geschäftsführer der smart digits GmbH und Professor an der SDI Hochschule München kennt er die Bedürfnisse einer Hochschule genauso wie die Erfordernisse des digitalen Markts.

- 40 Jahre utb
- utb-Team beim Bücherlauf in Stuttgart

2010
1.181 lieferbare Titel

2011
1.273 lieferbare Titel
die „Büchergilde" bei der Gesellschafterversammlung in Tutzing

E-Books für Bibliotheken

Gedruckte Bücher von utb beziehen Bibliotheken seit jeher über den Buchhandel. Kontakte zu den wissenschaftlichen Bibliotheken baute sich utb daher erst mit dem Aufkommen elektronischer Publikationen systematisch auf. Mit einem Round Table suchte utb 2008 ersten Kontakt zu verschiedenen Hochschulbibliotheken: Ende Juli 2008 trafen in Stuttgart 14 Bibliothekar*innen von Hochschulbibliotheken aus dem deutschsprachigen Raum und Verleger*innen der utb-Gesellschafterverlage zur ersten Gesprächsrunde „Bibliothekare treffen UTB-Verleger" zusammen. Zentrales Thema der Gesprächsrunde war das Lehrbuch als E-Book für Hochschulbibliotheken. Dabei war die nutzungsfreundliche Bereitstellung des E-Book-Programms der utb-Studienbücher auf den Servern der Hochschulbibliotheken wichtig. Diskutiert wurden unter anderem die Fragen der Sicherung und Bereitstellung der Daten, die Zugriffshäufigkeit und -art durch die Studierenden sowie mögliche Angebotsmodelle für Hochschulbibliotheken. Im Anschluss an das Gespräch sollte ein für Bibliotheken wie Verlag „sinnvolles Preismodell" für die Nutzung von E-Books entwickelt werden.

Zum März 2009 startete utb als einer der ersten Lehrbuchverlage mit einer eigenen E-Book-Plattform: utb-studi-e-book. Das Angebot von ca. 500 utb-Titeln wurde von Mai bis November von über 100 Hochschulbibliotheken getestet. Die Plattform ermöglichte das Online-Lesen von utbs von Rechnern der teilnehmenden Bibliotheken bzw. der Universität aus. Außerdem konnten die teilnehmenden Bibliotheken ihren Studierenden den Zugriff per Remote Access ermöglichen. Der große Vorteil gegenüber der bisherigen Nutzung von Papierbüchern in den Bibliotheken: Beliebig viele Nutzer*innen konnten jetzt gleichzeitig auf die Titel zugreifen. Das Buch war auf einmal verfügbar, auch wenn es bereits ausgeliehen war!
Obwohl sich utb mit der Neuentwicklung sehr ins Zeug gelegt hatte und mit dem Angebot für Bibliotheken – verglichen mit Verlagen gleicher Größe – einer der Vorreiter war, gab es am Anfang auch Kritik. Die Technik funktionierte manchmal nicht stabil, das DRM (Digital Rights Management) war ungeliebt und auch mit dem Abrechnungsmodell waren nicht alle Kund*innen zufrieden.
Das Angebot für Bibliotheken wurde daher weiterentwickelt und die anfänglichen Hür-

Erste ePUBs erscheinen bei utb.

E-Book-Angebot scholars-e-library startet mit 13 Wissenschafts- und Fachverlagen.

scholars-e-library

2012
1.284 lieferbare Titel

2013
1.454 lieferbare Titel

Als im Dezember 2010 der 40. Geburtstag von utb gefeiert wurde, standen die Zeichen auf Veränderung: Denn als Vertriebskooperation war utb von Beginn an auf die Zusammenarbeit mit dem Buchhandel als zentralem Vertriebskanal fokussiert gewesen. Hochschul- und Campus-Buchhandlungen sorgten dafür, dass die roten Bücher ihre Käufer*innen unter den Studierenden fanden. Über sie war utb bei dieser Zielgruppe flächendeckend präsent.

Neuausrichtung von Vertriebsstrategien

Die Zeit meiner Geschäftsführung zwischen 2010 und 2014 war jedoch durch die teilweise Neuausrichtung dieser Vertriebsstrategie geprägt. Denn längst hatte sich gezeigt, dass digitale Nutzungsszenarien und Vertriebswege massiv an Bedeutung gewannen: Studierende bestellten ihre Literatur mehr und mehr über das Internet statt bei der Buchhandlung um die Ecke. Bibliotheken bildeten Etats für den Aufbau digitaler Bestände. Und in der Hochschullehre begannen E-Medien gedruckte Bücher zu ergänzen.

Kernaufgabe dieser fünf Jahre war es deshalb, das erfolgreiche Modell der Zusammenarbeit in utb von der Welt der gedruckten Bücher in die digitale Welt zu übertragen. Mit dem Start der Online-Bibliothek utb-studi-e-book war 2009 unter der Geschäftsführung von Volker Hühn bereits ein wichtiger Grundstein dafür gelegt worden. Mit diesem Angebot spielten Bibliotheken als direkte Kunden erstmals eine wichtige Rolle, auch wenn der Vertrieb der Online-Bibliothek zunächst vor allem über etablierte Bibliothekslieferanten und somit über (spezialisierte) Buchhändler*innen lief. Binnen weniger Jahre gelang es, parallel dazu einen Direktvertrieb aufzubauen und das digitale Bibliotheksgeschäft zu einem wichtigen Umsatzstandbein zu entwickeln. Dem nutzungsbezogenen Abrechnungsmodell (Pay per View), mit dem utb sehr innovativ, aber zunächst wenig erfolgreich in den Markt einstieg, wurden bald umsatzstarke Paketangebote an die Seite gestellt, die den Durchbruch brachten. Das Modell war so erfolgreich, dass im Jahr 2013 mit scholars-e-library noch eine zweite Online-Bibliothek für mehrere Tausend Titel aus dem Hauptprogramm der utb-Verlage aus der Taufe gehoben wurde. Auch deren Vertrieb an die Hochschulen läuft bis heute über utb.

Neben den Hochschulbibliotheken gewann auch die direkte Beziehung zu den Endkund*innen, d.h. v.a. zu Studierenden und Dozent*innen für utb an Bedeutung. Dabei ging es nur zum Teil um den Aufbau eines Direktgeschäfts, das 2012 mit dem Komplett-Relaunch des utb-Shops auf eine neue Basis gestellt wurde. Noch wichtiger war es, mit diesen Gruppen in einen engeren Kontakt zu kommen, um ihre Anforderungen und Wünsche besser kennen und verstehen zu lernen, um daraus die richtigen Schlüsse bei der Produktentwicklung und der Vermarktung zu ziehen. Der strategische Ausbau der Social Media-Aktivitäten sowie die Intensivierung des Dozent*innenmarketings mit digitalen Mitteln schufen neue Kontakte zu Endkund*innen und Multiplikator*innen, die systematisch für die Stärkung der Marke utb und die Verbreitung der utb-Angebote genutzt wurden.

Entwicklung neuer digitaler Produkte

Hand in Hand damit ging die Entwicklung neuer digitaler Produkte: Eine wachsende Zahl von utb-Titeln wurde auch als ePUBs angeboten, es entstanden E-Learning-Apps, mit denen sich das Wissen aus utb-Bänden vertiefen ließ, frei zugängliche Online-Lexika demonstrierten die besondere Fachkompetenzen von utb im Internet und am Ende dieser Jahre startete sogar ein Pilotprojekt für eine utb-eigene E-Learning-Plattform für den Fachbereich Psychologie. Auch wenn einiges davon nicht dauerhaft von Erfolg war (weil sich z.B. bei den Apps herausstellte, dass der technische Pflegeaufwand in keinem Verhältnis zum möglichen Erlös stand), boten diese Projekte doch Gelegenheit, neues Wissen und neue Erfahrungen auf digitalem Gebiet zu erwerben und die Möglichkeiten auf diesem Feld auszuloten.

Entstehung der forum independet GmbH

All dies hatte freilich zu geschehen, ohne dass dadurch das klassische Geschäft, nämlich der Vertrieb gedruckter Bücher, vernachlässigt wurde. Denn dieser lieferte natürlich weiterhin den Hauptanteil des Umsatzes. Nachdem utb bereits 2007 den Buchhandelsvertrieb auch für das Hauptprogramm von elf utb-Verlagen übernommen hatte, wurde 2009 entschieden, dieses Geschäftsfeld aus der UTB GmbH in eine eigene GmbH auszugliedern, damit utb sich wieder mehr auf das eigene Kerngeschäft konzentrieren konnte. Daraus entstand die forum independent GmbH, die bis 2012 noch in Personalunion durch mich als utb-Geschäftsführer geleitet wurde, bevor Silvia Maul die Geschäftsführung übernahm. Ab diesem Zeitpunkt lief der Buchhandelsvertrieb der utb-Titel also erstmals nicht mehr unter utb-Regie, sondern in Kooperation mit anderen (auch nicht utb-) Sach- und Fachbuchverlagen.

Dies tat dem Erfolg der Marke utb allerdings keinen Abbruch. Weil Studierende ebenso wie Dozent*innen, Buchhändler*innen und Bibliothekar*innen dazu von jeher die „kleinen Roten" assoziieren, wurde mit dem Marken-Relaunch 2014 die Farbe Rot nochmals verstärkt in den Mittelpunkt gestellt (u.a. mit der Umstellung auch der L-Formate auf rote Umschlagfarbe und dem neuen Claim „Der Klügere liest rot!"). Der Logo-Schriftzug besteht seither aus Kleinbuchstaben gefolgt von einem Punkt – in Anlehnung an die URL utb.de und somit auch als kleines Signal dafür, dass utb in der digitalen Welt angekommen ist. Eine weitere „revolutionäre" Veränderung war die Zulassung von farbigen Coverbildern, durch die viele utb-Titel inzwischen eine individuelle optische Note gewonnen haben.

Neue digitale Vertriebsaktivitäten

Die neuen digitalen Vertriebsaktivitäten führten 2014 schließlich noch zu einer weiteren Ausgründung: Um Hochschulen eine einfache Lizenzierung von Buchauszügen für digitale Semesterapparate zu ermöglichen und dabei eine angemessene Vergütung für die Rechteinhaber sicherzustellen, brachten wir eine spezielle digitale Lizenzierungsplattform an den Start. Da für dieses Nutzungsszenario die Breite des Angebots über möglichst viele Verlage hinweg entscheidend war, wurde mit der Booktex GmbH ein eigenes Start-up gegründet, das bis 2017 die entsprechend Vertriebsleistung für über 50 Verlage mit über 30.000 Titeln aufbaute. Dann wurde das Angebot durch eine Änderung des Urheberrechts ausgebremst, welche Hochschulen die Nutzung von Buchauszügen auch ohne Zustimmung der Rechteinhaber gestattete, selbst wenn der Verlag angemessene Lizenzierungsangebote dafür machte.

Was war bei all diesen Veränderungen in nur fünf Jahren der wichtigste Teil der Entwicklung? Die neuen Technologien? Die neuen Geschäftsmodelle? Die neuen Produktformen? – Wichtigster Teil der Entwicklung war das Team in der utb-Geschäftsstelle: Fast jede Kollegin in diesem (durchgehend weiblich besetzten) Team erlebte in diesen wenigen Jahren, wie sich ihr Arbeitsbereich massiv veränderte und sie in kürzester Zeit neue Aufgaben übernehmen und ganz neue Anforderungen meistern musste. Bibliotheksvertrieb, digitale Produkte, Social Media, Webshop, Newsletter, Microsites, Datenmanagement... Ein Team, das über viele Jahre hinweg ganz auf den Vertrieb gedruckter Bücher über den Buchhandel spezialisiert war, musste sich in wenigen Jahren komplett neu erfinden, die Aufgaben neu verteilen und umfassend neues Knowhow aufbauen. Wenn utb den Schritt von der gedruckten Welt in die digitale Welt des Publizierens geschafft hat, dann ist dies in erster Linie der Veränderungsbereitschaft und der Entwicklungsfähigkeit dieses Teams und seinen Mitgliedern zu verdanken!

Bertram Salzmann

transcript	2020	
wbv media	2018	
	2017	Nomos
Waxmann	2015	vdf
	2012	Orell Füssli
Nomos	2010	
	2009	RuW | Hüthig | C.F. Müller
	2008	Beltz
Klinkhardt | Orell Füssli	2007	
vdf	2006	VS (Leske + Budrich)
Barbara Budrich	2005	
Recht und Wirtschaft (RuW)	2004	
UVK	2002	Quelle & Meyer
Beltz | Böhlau Köln/Wien	2001	
	2000	Schäffer-Poeschel
WUV/Facultas	1999	
	1998	G. Fischer
Lucius & Lucius	1996	
Schäffer-Poeschel	1994	F.K. Schattauer
	1988	K.G. Saur
	1987	Harper & Row
	1986	Birkhäuser
	1980	Dr. Dietrich Steinkopff
Harper & Row	1979	
C.F. Müller	1976	
Leske + Budrich	1974	Westdeutscher Verlag
Dr. Dietrich Steinkopff	1973	
W. Fink | P. Haupt | E. Reinhardt | K.G. Saur	1971	
Birkhäuser | G. Fischer | A. Francke | Hüthig | Mohr Siebeck Quelle & Meyer | F.K. Schattauer | F. Schöningh | E. Ulmer Vandenhoeck & Ruprecht | Westdeutscher Verlag	1970	

den, wie das DRM oder technische Schwierigkeiten, nach und nach überwunden, sodass sich utb heute als echter Partner für Bibliotheken verstehen darf. Dass utb den Mitarbeiter*innen der Bibliotheken zuhört und das Angebot immer wieder auf die Bedürfnisse vor Ort anpasst, wird allgemein geschätzt. So nutzen heute von Barcelona bis Wien, von Aachen bis Zürich über 270 Hochschulbibliotheken das umfangreiche elektronische Angebot.

Zum Nutzungsmodell bot utb den Bibliotheken ab Ende 2011 an, ein zeitlich unbefristetes Nutzungsrecht für Titel in der Online-Bibliothek durch eine einmalige Pauschalzahlung zu erwerben. Durch dieses Kaufmodell musste die Bibliothek nur einmalig den x-fachen Preis des gedruckten Buches bezahlen und konnte das Buch dann unabhängig von Zeit und Nutzung allen Studierenden dauerhaft zur Verfügung stellen.

Heute besteht das E-Book-Angebot für Bibliotheken aus einem Kauf- und einem Mietmodell, aus dem sich Bibliotheken das für sie passende, individuelle Paket zusammenstellen können. Der Download der Buchinhalte ist kapitelweise möglich. Der Fernzugriff läuft via Shibboleth oder VPN Client. Ein persönlicher Account ist nur nötig, wenn eigene Notizen angelegt werden sollen.

Der nächste Schritt war, das E-Book-Programm mit dem Kooperationsgedanken zu verbinden. Ab 2013 bot utb mit der scholars-e-library E-Books aus dem Hauptprogramm von 13 utb-Verlagen auf einer Plattform mit einheitlichen Nutzungs- und Abrechnungsbedingungen an. 2017 wurde die scholars-e-library auch für externe Verlage geöffnet. So kamen der Herbert von Halem Verlag und der Wochenschau Verlag neu hinzu. Im Unterschied zur utb-studi-e-book-Plattform können die dort vertriebenen Bücher auch bei anderen Anbietern verkauft werden.

Booktex: Digitaler Semesterapparat

Im August 2014 gründeten utb und der E-Medien-Dienstleister Preselect.media das Gemeinschaftsunternehmen „Booktex". Booktex entwickelte das Angebot einer Web-Plattform für die Nutzung von Verlagsinhalten in digitalen Semesterapparaten. Bibliothekar*innen und Dozent*innen konnten darüber Inhalte aus urheberrechtlich geschützten Werken verlagsübergreifend

umfassender Relaunch der utb-Covergestaltung und neues Logo

utb-studi-e-book: Kapitelweiser Druck und Download möglich.

2014
1.480 lieferbare Titel

2015
Strategie-Workshop
1.468 lieferbare Titel

und seitengenau für digitale Semesterapparate zusammenstellen und lizenzieren.
Nach § 52a UrhG durften Hochschulen zu dieser Zeit Auszüge aus urheberrechtlich geschützten Werken einscannen und für die Teilnehmer*innen von Lehrveranstaltungen innerhalb des Hochschulnetzwerks zugänglich machen. Dies galt für kleine Teile eines Werkes (max. 12 Prozent bzw. 100 Seiten) und Werke geringen Umfangs (max. 25 Seiten Gesamtumfang) jeweils für einen abgegrenzten Nutzer*innenkreis. Allerdings nur, wenn der jeweilige Rechteinhaber den Hochschulen nicht selbst ein seitengenaues Lizenzangebot zu angemessenen Bedingungen unterbreitete. Für alle über Booktex für den Digitalen Semesterapparat verfügbaren Werke machte der jeweilige Verlag mit der Bereitstellung auf der Plattform www.digitaler-semesterapparat.de ein solches Lizenzangebot. Alle Titel auf dieser Plattform waren daher vom Recht der Hochschulen auf Nutzung nach § 52a UrhG ausgenommen.
Bis 31. Dezember 2017 konnten Hochschulmitarbeiter*innen via Booktex Auszüge aus über 50.000 Büchern und Zeitschriften von mehr als 50 Verlagen für die Nutzung in akademischen Lehrveranstaltungen bestellen. Nach jahrelangem Streit um eine Neufassung des Urheberrechtsgesetzes wurde der § 52a UrhG schließlich am 1. März 2018 von dem neu ins Gesetz eingeführten § 60a UrhG „Unterricht und Lehre" abgelöst. Der „verpflichtende Verlagsvorrang" war nun nicht mehr Teil des Gesetzes. Dadurch wurde die wirtschaftliche Grundlage für das Lizenzangebot von Booktex zerstört und das Unternehmen zum 31. Dezember 2018 aufgelöst.

Open Access – Die neue Währung heißt Sichtbarkeit

Noch 2016 setzte die FAZ Open Access (zusammen mit anderen Entwicklungen) mit unvermeidlichem Verlagssterben und digitaler Enteignung gleich. Dabei klang die Idee, das Wissen der Welt für alle frei zur Verfügung zu stellen, für die Hochschulwelt doch erst einmal gut. Sie klingt geradezu wie die Fortsetzung der utb-Gründeridee, Wissen für alle kostengünstig bereitzustellen.
Heute ist die Panikmache der Open Access-Anfänge längst verschiedenen tragfähigen Geschäftsmodellen gewichen und hat neue Verlage hervorgebracht. Die neue Währung heißt Sichtbarkeit – konträr zum bisherigen

Relaunch der utb-Website

2016
1.329 lieferbare Titel

Die scholars-e-library öffnet sich für Verlage außerhalb des utb-Gesellschafterkreises.

2017
lieferbare Titel:
1.355 Print / 1.681 E-Books

Als ich Ende 2014 als Geschäftsführer zur utb stieß, beging die Verlagsgemeinschaft gerade in aller Stille ihren 44. Geburtstag. Und sie konnte dabei auf 44 durchaus erfolgreiche Jahre zurückblicken. Alles andere als eine Selbstverständlichkeit: Die meisten vergleichbaren Gemeinschaften aus den Gründerjahren der utb bestanden nicht mehr oder hatten keinen nachhaltigen Erfolg. Beides in Einem war auf jeden Fall etwas Besonderes.

Was für eine spannende Aufgabe – und was für eine Herausforderung! Denn eines war gewiss: utb hatte die vergangenen Jahrzehnte nur deshalb so erfolgreich bestanden, weil die Verlagsgemeinschaft es immer wieder verstanden hatte, nicht nur die Zeichen der Zeit richtig zu deuten, sondern auch – wenn notwendig – sich immer wieder neu zu erfinden. Und genau das war im Spätherbst 2014 wieder einmal gefordert. Denn das Marktumfeld zeigte – wie Thomas Mann das formuliert hätte – eine überaus „gefahrdrohende Miene".

Spätestens seit Gründung von Springer Nature und noch verstärkt durch die staatlichen Eingriffe im Zuge der sogenannten DEAL-Verhandlungen wurde der Markt der wissenschaftlichen Fachliteratur von drei international agierenden Großkonzernen dominiert, die den Löwenanteil des deutschsprachigen Wissenschaftsmarktes unter sich ausmachten. Der Rest des Kuchens blieb einer Vielzahl kleinerer und mittelständischer Wissenschaftsverlage. Zwar hatten gerade diese Verlage über lange Zeit hinweg die Vielgestaltigkeit und auch die Qualität des deutschsprachigen Wissenschaftsstandortes garantiert und gefördert, nun aber waren gerade Unternehmen dieser Größenordnung für sich allein genommen zu klein und immer weniger in der Lage, die finanziellen Belastungen insbesondere im äußerst kapitalintensiven Bereich der Digitalisierung aus eigener Kraft zu bewältigen.

Neben diesen staatlich beeinflussten Wettbewerbsverhältnissen tat der Gesetzgeber ein Übriges, um den Wissenschaftsverlagen das (Über)Leben so schwer wie möglich zu machen. Sei es durch Eingriffe wie die „Bologna-Reform" seit 1999, die einseitige Förderung und Unterstützung kostenfrei zur Verfügung gestellter Wissenschaftsmaterialien oder das „Urheberwissenschaftsgesetz", das eine adäquate Entlohnung von Autor*innen und Verlagen zu einem halsbrecherischen Drahtseilakt machte.

Die Zeichen der Zeit standen also auf Sturm und die utb reagierte wie sie das in den vergangenen 44 Jahren immer wieder gemacht hatte: mit Veränderungen. Frei nach dem hübschen Paradoxon aus Herbert Achternbuschs „Atlantikschwimmer“: „Du hast keine Chance, also nutze sie“ stürzte man sich ins Getümmel und krempelte die Ärmel hoch: Sinkende E-Umsätze konnten binnen Jahresfrist in ihr Gegenteil verkehrt werden, neue Verlage wurden von den Vorteilen einer Mitgliedschaft bei der Gemeinschaft überzeugt und die scholars-Plattform, die eigentlich den Gesellschafterverlagen vorbehalten sein sollte, wurde für Fremdverlage geöffnet. Das brachte neben einem deutlichen Wachstumsschub den unschätzbaren Vorteil von zusätzlichen Investitionsmitteln zur Finanzierung von Zukunftsprojekten mit sich.

> ” Vorhang auf für das Lernen der Zukunft und ein Laboratorium für Innovationen

Dass es dazu oft längere Abstimmungsprozesse bedurfte? Kein wirkliches Problem! Denn wenn es eine starke Idee gab, fand diese in der Gemeinschaft letztendlich stets ihre ausreichende Mehrheit. Denn zwingende Einstimmigkeit, da hatten die Gründerväter der utb weise vorausgedacht, war bei aller sorgsam gepflegten Diskussionskultur nie das erklärte Ziel der utb gewesen. So blieb man nicht nur diskursfreudig, sondern war vor allen Dingen auch entscheidungsfähig. Und so konnte dann auch 2019 in einem beeindruckend zielgerichtenten Abstimmungsprocedere das aktuell größte Projekt der Gemeinschaft nicht nur verabschiedet, sondern unverzüglich auch auf die Rampe geschoben werden: Ob Lehrbuch mit digitalen Zusatzmaterialien, ob E-Learning-Tools oder Hybridprodukte verschiedenster Provenienz. Zukünftig können Formate dieser Art und all das, was an Wandel und Disruption noch hinzukommen mag, ebenso nutzerorientiert wie datenoptimiert auf einer neuen gemeinsamen Plattform realisiert werden.

Vorhang auf also für das Lernen der Zukunft und ein Laboratorium für Innovationen. Nichts könnte besser zum runden Geburtstag der utb-Gemeinschaft passen!

Jörg Platiel

Paradigma, dem Schutz des geistigen Eigentums vor freier Verbreitung. Da Autor*innen aktuell an ihrer Sichtbarkeit gemessen werden, ist Open Access für Verlage zu einem weiteren wichtigen und geradezu unvermeidbaren Marketinginstrument geworden. Und auch hier erweist sich die Stärke des Verlagszusammenschlusses in der utb als extrem hilfreich, wie Karin Werner, Verlegerin bei transcript im September 2019 in einer Pressemitteilung anlässlich ihres utb-Beitritts feststellt:

„In Zeiten der zunehmenden Marktkonzentration und der Transformation des wissenschaftlichen Publikationswesens hin zu Open Access ist Kooperation für mittelständische Verlage aber auch darüber hinaus das Gebot der Stunde. Insbesondere die neue Plattformstrategie von utb als auch die Absicht, gemeinsam Open-Access-Modelle im Studienbuchbereich zu entwickeln haben uns davon überzeugt, dass die Teilhabe an UTB für transcript auch weit über die Belange von Studienbüchern im engeren Sinne von großem strategischen Wert sein wird.“

„Gemeinsam große Herausforderungen angehen und bewältigen; das war vor 50 Jahren richtig und erfolgreich und ist es heute in Zeiten der digitalen Veränderungen umso mehr“, so Jörg Platiel.

Heike Schmidt-Langer

utb-Semesteraktion „Roter Faden“: kostenloses E-Book

2018

lieferbare Titel:
1.323 Print / 1.748 E-Books

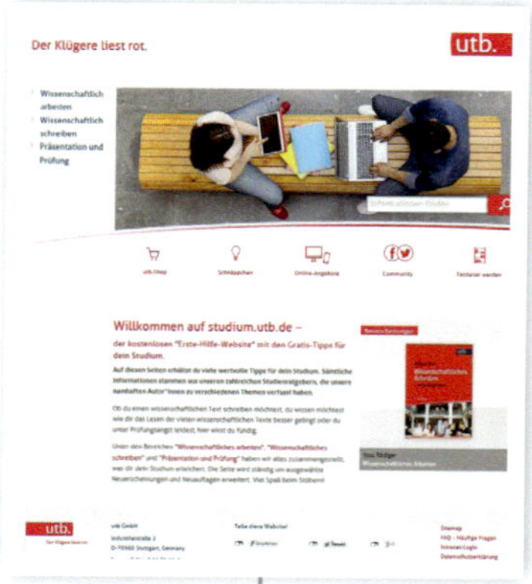

Relaunch von studium.utb.de – die Website mit Tipps zum wissenschaftlichen Arbeiten

2019

lieferbare Titel:
1.362 Print / 1.897 E-Books

2020

Zusammenführung von utb-studi-e-book und scholars-e-library auf neuer Plattform utb elibrary

Verlag **Barbara Budrich**

Der Verlag Barbara Budrich ist ein sozialwissenschaftlicher Verlag mit Sitz in Opladen und wurde 2004 von Barbara Budrich gegründet. Der Verlag publiziert deutsch- und englischsprachige Bücher und Zeitschriften aus den Fachbereichen Erziehungswissenschaft, Politikwissenschaft, Soziale Arbeit, Soziologie und Gender Studies.
2005 wurde der Verlag Mitgesellschafter der utb, denn: Die utb ist als etablierte Marke im Bereich Lehr- und Studienbuch ein attraktiver Partner für dieses Segment. Gemeinsam sind notwendige Innovationen wesentlich leichter zu stemmen. Der Austausch mit anderen Wissenschaftsverlagen war ebenso wichtig. Und nicht zuletzt war Barbara Budrichs Vater Edmund Budrich mit dem Westdeutschen Verlag utb-Gründungsmitglied, sodass die Verlagskooperation für Barbara Budrich seit jeher zum Verlagsalltag gehörte. Seit 2014 ist Barbara Budrich Teil des verlegerischen Beirats der utb.

Verlag Barbara Budrich | www.budrich.de

facultas

Der facultas Verlag, entstanden aus einer Produktionsstelle von Skripten der Österreichischen Hochschüler*innenschaft der Universität Wien, 1985 zum Wiener Universitätsverlag ernannt, wurde 1999 (damals unter dem Verlagsnamen WUV) als erster österreichischer Verlag Gesellschafter der utb. 2001 erfolgte die Fusion mit den ÖH Servicebetrieben der Wirtschaftsuniversität Wien (WU). Heute deckt facultas die gesamte Wertschöpfungskette akademischen Publizierens einschließlich digitaler Angebote und Digitaldruckerei ab. Anliegen von facultas war und ist es, didaktisch aufbereitete Studieninhalte österreichischer Universitäten im gesamten deutschsprachigen Raum Studierenden und Lehrenden zur Verfügung zu stellen. In der „roten Reihe“ erschienen und erscheinen, verfasst von namhaften Autor*innen, vor allem Lehrbücher der Fächer Psychologie, Philosophie, Germanistik, Kommunikations- und Politikwissenschaften, Soziologie sowie der Rechts-, Wirtschafts- und Naturwissenschaften.

facultas | www.facultas.at

narr\f
ranck
e\atte
mpto

Seit 50 Jahren bildet das Programm von Narr Francke Attempto die Geisteswissenschaften in all ihren Facetten ab. Wissenschaftliche Studien, Sammelbände und Zeitschriften dokumentieren aktuelle Entwicklungen in der Forschung. Unser Lehrbuchangebot erschließt Erkenntnisse der Fachwissenschaft für die Hochschullehre und bietet Einführungen sowie vertiefende Darstellungen. Kernbereich unseres Buchprogramms sind die Sprachwissenschaft und unsere Lehrbuch-Reihe ***narr Studienbücher***, die sich in den letzten 20 Jahren zu einer bekannten und angesehenen Marke entwickelt hat. Seit 1982 sind wir als Gesellschafterverlag Teil der utb-Gemeinschaft und bedienen dort die Literatur- und Sprachwissenschaft. Der Vertrieb und die Marke utb helfen uns, Lehrbücher auch zu Fachbereichen außerhalb unseres Kernprogramms zu publizieren, z.B. aus Geschichtswissenschaft, Theologie oder Philosophie.

Narr Francke Attempto Verlag | www.narr.de

expert›

Seit der Gründung im Jahr 1979 publiziert der Verlag Fachliteratur und Lehrbücher mit engem Praxisbezug. Studierende sowie Fach- und Führungskräfte aus unterschiedlichen Ingenieurswissenschaften finden in unserem Buchprogramm komplexes technisches Wissen verständlich und praxisnah aufbereitet.
Das Verlagsprogramm umfasst rund 800 lieferbare Titel aus den Bereichen Technik und Wirtschaft. Jährlich erscheinen rund 60 Neuerscheinungen und Neuauflagen. Außerdem erscheint die traditionsreiche Fachzeitschrift „Tribologie und Schmierungstechnik", die zugleich das Organ der deutschen, österreichischen und schweizerischen Gesellschaften für Tribologie ist, hier bereits im 66. Jahrgang. Ergänzt wird sie seit kurzem durch unsere tribologische Praxiszeitschrift „Schmierstoff + Schmierung".
Expert gehört seit 2018 zur Verlagsgruppe Narr Francke Attempto und seit 2019 zu utb. Wir möchten insbesondere unser Lehrbuchprogramm für Studierende in den Fachbereichen Maschinenbau, Elektrotechnik, Bauwesen, Energie und Umwelt durch den starken Vertrieb von utb erfolgreicher vermarkten.

expert verlag | www.narr.de/expert

Wilhelm Fink Ferdinand Schöningh

Der Verlag Ferdinand Schöningh bietet seit mehr als 150 Jahren innovativen wissenschaftlichen Publikationen und fundierten Büchern zu gesellschaftlichen Debatten ein Forum. Gegründet im Jahr 1847 wurde der Verlag binnen weniger Jahre zu einem der renommiertesten geisteswissenschaftlichen Verlagshäuser Deutschlands. Meilensteine in der Entwicklung des Hauses waren 1970 die Mitbegründung der utb und 1974 die Übernahme des Münchener Wilhelm Fink Verlags. Seit 2017 sind die Verlage Ferdinand Schöningh und Wilhelm Fink Imprints der Brill Deutschland GmbH. 2018 schloss sich der mentis Verlag diesem starken Verbund geisteswissenschaftlicher Fachverlage an. Als Gründungsmitglied der utb hat der Verlag Ferdinand Schöningh bereits früh auf die Vorteile einer großen, gemeinsamen Marke für das Lehr- und Studienbuchprogramm gesetzt. Die thematischen Schwerpunkte von Ferdinand Schöningh und Wilhelm Fink beim Lehrbuch sind Geschichte, Philosophie, Theologie, Sprach- und Literaturwissenschaft, Pädagogik, Geographie und Schlüsselkompetenzen.

Wilhelm Fink | www.fink.de
Ferdinand Schöningh | www.schoeningh.de

Haupt

Das „gute Buch“ steht bei Haupt im Mittelpunkt. Wir veröffentlichen mit Freude hochwertige Sachbücher und Apps, mit denen unsere Autor*innen fundiertes Wissen vermitteln und Inspirationen für eine sinnvolle Freizeitgestaltung geben. So sind wir zu einem der führenden Kreativ- und Naturbuchverlage im deutschsprachigen Raum geworden. Dabei ist die Haupt Verlag AG seit mehr als 110 Jahren ein unabhängiges Familienunternehmen. Verlag und dazugehörende Buchhandlung beschäftigen in Bern rund 30 Mitarbeitende.
Bereits seit 1971 ist der Haupt Verlag Gesellschafter der utb. Als ehemaliger Wissenschaftsverlag verfügt Haupt nach wie vor über beste Kontakte in die akademische Welt. In der utb publizieren wir Lehrbücher vor allem in den Programmbereichen Naturwissenschaft und Betriebswirtschaft, darunter das Management-Lehrbuch der Universität St. Gallen.

Haupt Verlag | www.haupt.ch

k linkhardt

Der Verlag wurde 1834 von Julius Klinkhardt in Leipzig gegründet. Seit 1949 ist der Verlagssitz in Bad Heilbrunn. Andreas Klinkhardt ist seit 1995 Verleger in sechster Generation. Seit seiner Gründung hat sich der Verlag als Bildungs- und Schulbuchverlag verstanden, mittlerweile ist er ein führender Anbieter erziehungswissenschaftlicher Literatur im deutschsprachigen Raum. 2006 wurde der Verlag Julius Klinkhardt Gesellschafter der UTB GmbH.
Der Verlag erhofft sich von utb eine verbesserte Streubreite primär für Studientexte, sekundär im digitalen Publizieren für seinen wissenschaftlichen Programmbereich. Auch das große Innovationspotential, das durch die Kooperation der in utb vereinten Verlage möglich ist, schätzen Verleger und Mitarbeiter*innen. Besonders geschätzt wird auch der fachliche Austausch im Netzwerk der utb-Kolleg*innen. Der Verlag veröffentlicht sein erziehungswissenschaftliches Studienbuchprogramm bei utb.

Verlag Julius Klinkhardt | www.klinkhardt.de

Mohr Siebeck

Seit über 200 Jahren veröffentlicht Mohr Siebeck als Wissenschaftsverlag in Familienbesitz Bücher von höchster wissenschaftlicher und handwerklicher Qualität in den Fachgebieten Rechtswissenschaft und Theologie, aber auch in Philosophie, Geschichte und den Sozialwissenschaften.
Mohr Siebeck und utb verbindet eine gemeinsame Erfolgsgeschichte seit der Gründung von utb 1970. Gerade da Lehrbücher und Studienliteratur nicht den Kern des Programms bilden, schätzt der Verlag es, hier in utb einen starken Partner für Vertrieb und Marketing zu haben. Besondere Meilensteine der gemeinsamen Arbeit sind erfolgreiche Titel wie „Arbeitsbuch Hebräisch" von Heinz-Dieter Neef (7. Auflage 2018) und „Medienrecht" von Frank Fechner (20. Auflage 2019) sowie die programmatisch wichtigen Reihen „Themen der Theologie" und „Jüdische Studien".

Mohr Siebeck | www.mohrsiebeck.com

reinhardt

Der Ernst Reinhardt Verlag wurde 1972 Gesellschafter der UTB GmbH. Unzählige Lehrbücher zur Psychologie, Pädagogik, Sonderpädagogik und Sozialen Arbeit sind in den Jahrzehnten entstanden. Innovativ und anspruchsvoll zuletzt: die E-Learning-Kurse Psychologie, ein interaktives Angebot, um Psychologie zu lernen – aufgebaut zusammen mit dem facultas Verlag. Künftig kommen Reinhardt-utbs für Pflegestudiengänge hinzu. Wir bedanken uns bei den hoch engagierten utb-Mitarbeiter*innen in Stuttgart, die sich erfolgreich um Werbung und Vertrieb der utb-Titel kümmern! Dank auch an die Verlegerkolleg*innen, die mit uns gemeinsam das utb-Programm entwickeln. In der Gemeinsamkeit lag und liegt immer die Stärke der utb. Und: Ohne unsere Autor*innen gäbe es die utb nicht – herzlichen Dank für das Vertrauen der Autor*innen in unser Programm und die utb!

Ernst Reinhardt | www.reinhardt-verlag.de

[transcript] INDEPENDENT ACADEMIC PUBLISHING

transcript ist einer der führenden Wissenschaftsverlage im deutschsprachigen Raum, mit Schwerpunkten in den Kultur-, Medien- und Sozialwissenschaften, in der Geschichte, der Philosophie und im Kulturmanagement. Jährlich erscheinen mehr als 400 Neuerscheinungen in deutscher und englischer Sprache bei einer Backlist von über 4.500 Titeln – in print und digital.

Seit 1. Januar 2020 ist transcript neuer Gesellschafter bei utb. Zunächst werden vor allem Titel aus den Bereichen Soziologie (darunter die Reihe „Einsichten“), Kultur-, Medien- und Politikwissenschaften sowie aus der Geschichte eingebracht.

transcript verspricht sich von dieser Kooperation eine deutliche Verbesserung des Marktzugangs im Studienbuchsegment. In der neuen Plattformstrategie von utb sowie in der gemeinsamen Entwicklung von Open-Access-Modellen für Studienbücher sieht der Verlag zudem weitere strategische Chancen.

transcript Verlag | www.transcript-verlag.de

Über 150 Jahre reichen die Wurzeln des Verlags Eugen Ulmer zurück. Tief mit dem Gartenbau und der Landwirtschaft verwoben, informieren wir Menschen seit 1868 in fünfter Generation. Mit rund 1.600 lieferbaren Büchern, 25 Zeitschriften, vielen Webseiten und Datenbanken machen wir Medien in aller Form rund um Gartenbau und Landwirtschaft. Roland Ulmer, Vater des aktuellen Geschäftsleiters Matthias Ulmer, war gemeinsam mit Wulf D. von Lucius einer der Initiatoren und Gründer der utb. So sind Stuttgarter Verlag und Verlagskooperation in den letzten 50 Jahren im wahrsten Sinne des Wortes zusammen gewachsen. Im utb-Programm publiziert Ulmer zu den Themen Landwirtschaft, Ernährung und Lebensmitteltechnologie, Biologie und Ökologie sowie Agrar-, Forst- und Geowissenschaften. Der utb-Band Nr. 13 „Anatomie und Physiologie der Haustiere" (15. Auflage 2018) und „Ernährung des Menschen" (6. Auflage 2019) gehören zu den roten Longsellern.

Eugen Ulmer Verlag | www.ulmer.de

Der UVK Verlag steuert heute einen wesentlichen Teil des utb-Programms bei. UVK wurde 1963 als publizistischer Begleiter der Universität Konstanz gegründet und entwickelte sich danach kontinuierlich zu einem modernen Verlag mit renommierten Autor*innen weiter. Der Verlag trat 2001 der utb-Kooperation bei. Sein Geschäftsführer Walter Engstle konnte in seiner Eigenschaft als utb-Ko-Geschäftsführer bei der Einführung der basics-Reihe als auch bei der Konzipierung des digitalen Bibliotheksangebots mitwirken. Im Jahr 2011 übernahm UVK das Lehrbuchprogramm vom Verlag Lucius & Lucius, dessen Verleger Dr. Wulf D. von Lucius Mitbegründer der utb ist, und gründete das Redaktionsbüro in München, in welchem insbesondere das wirtschaftswissenschaftliche Programm unter dem Label UVK Lucius betreut und weiterentwickelt wurde. 2018 übernahm der Narr Francke Attempto Verlag mit den Geschäftsführern Sonja und Robert Narr das Programm von UVK. Der Münchener Standort mitsamt Verlagsleiter Jürgen Schechler und den dortigen Mitarbeiter*innen ist nun Teil der Verlagsgruppe Narr Francke Attempto. Heute umfasst das Programm ein breites Spektrum: Wirtschafts-, Sozial- und Kommunikationswissenschaften, Tourismus, Gesundheit, Sport, Informatik sowie Ratgeber rund um das Studium und den Berufseinstieg.

UVK Verlag | www.narr.de/uvk

Seit 1735 publiziert Vandenhoeck & Ruprecht wissenschaftliche Literatur mit Schwerpunkten in der Theologie und den Geisteswissenschaften sowie mit einem Programmbereich für praxisorientierte Literatur im Bereich der Psychologie und der Pädagogik. Mit dieser programmatischen Ausrichtung, die sich bis heute in den utb-Publikationen widerspiegelt, gehörte Vandenhoeck & Ruprecht 1970 zu den Gründungsverlagen der utb. Darüber hinaus war Dietrich Ruprecht zeitweilig geschäftsführender Gesellschafter.

Seit 2017 gehört der Traditionsverlag Böhlau, der im Feld der Geistes- und Kulturwissenschaften mit Programmsegmenten in den Bereichen der Rechts-, Kunst- und Kulturgeschichte, Literaturwissenschaft und Philosophie interdisziplinär ausgerichtet und thematisch vielfältig stark verankert ist, zu Vandenhoeck & Ruprecht Verlage. Der Böhlau Verlag ist selbst seit 2001 Mitglied der utb-Gemeinschaft, um die Programmsegmente im Bereich der Studienliteratur noch zu verstärken.

Das Ziel ist und bleibt: Wissenschaft zum studierendenfreundlichen Preis. Gemeinsam mit den anderen Gesellschafterverlagen einen interdisziplinären und unübersehbaren Beitrag an preisgünstigen Lehrbüchern und Studienmaterialien zu bieten und zugleich im Rahmen einer Vertriebsgemeinschaft eine große Sichtbarkeit zu erzielen, sind nur zwei der großen Vorteile. Die utb ermöglicht es zudem in enger Kooperation und mit jahrelang gewachsener Zusammenarbeit auf guter Vertrauensbasis, den Herausforderungen der Branche zu begegnen und neue Projekte zu realisieren.

Vandenhoeck & Ruprecht und Böhlau Verlag | www.vandenhoeck-ruprecht-verlage.com

WAXMANN

Seit der Verlagsgründung im Jahr 1987 hat Waxmann sich der Publikation von Fachliteratur für Leser*innen aus Wissenschaft und Praxis verschrieben. Unsere Schwerpunkte liegen in den Geistes- und Sozialwissenschaften wie etwa Erziehungswissenschaft, Psychologie, Geschichte, Soziologie, Volkskunde, Musik- und Sprachwissenschaft. Bei utb erscheinen unsere Einführungen und Handbücher überwiegend aus der Schulpädagogik und der Erziehungswissenschaft.
Waxmann ist seit 2015 Gesellschafterverlag der utb. Das gute Renommee der Marke utb und das hochwertige Lehrbuchprogramm begründeten diese Entscheidung. Ebenso wichtig sind aber Synergien, die in der Zusammenarbeit mit den Partnerverlagen genutzt werden können, um neue Projekte wie die utb-Distributionsplattform zu realisieren.

Waxmann | www.waxmann.com

wbv

wbv Publikation ist der Verlagsgeschäftsbereich des Medien- und Logistikunternehmens wbv Media und seit 2018 Mitgesellschafter bei utb. Das unabhängige und in fünfter Generation von W. Arndt Bertelsmann geführte Familienunternehmen mit Sitz in Bielefeld-Dornberg wurde 1864 gegründet und feierte 2014 als W. Bertelsmann Verlag seinen 150. Geburtstag. Zum 1. März 2018 fand die Umfirmierung zu wbv Media GmbH & Co. KG statt. wbv Publikation veröffentlicht bei utb schwerpunktmäßig Lehrbuch-Titel in den Programmen Sozialwissenschaften und Pädagogik. Darüber hinaus wird das Gesamtprogramm aller E-Books von wbv Publikation über utb-scholars an Bibliotheken vertrieben, inklusive der Imprint-Programme vom ATHENA Verlag Oberhausen und ab 2021 vom Schneider Verlag Hohengehren. Besonders für unabhängige Verlage ist es sinnvoll, nicht nur Inhalte und Vertriebspower zu bündeln, sondern auch Innovationen gemeinsam voranzutreiben, von denen Lehrende und Studierende gleichermaßen profitieren können.

wbv Publikation | www.wbv.de

Der Wochenschau Verlag wurde 1949 von Dr. Kurt Debus gegründet und wird heute in dritter Generation von Dr. Tessa Debus geleitet. Der Name des Verlags ist eng verknüpft mit der Zeitschrift WOCHENSCHAU, die von den Anfangstagen bis heute stets Innovationsgeberin für modernen und aktuellen Politikunterricht geblieben ist. Neben Zeitschriften erstreckt sich das verlegerische Engagement heute auch auf ein umfangreiches Buchprogramm. So ist der Verlag der führende Fachverlag für Didaktik und Lehre der politischen und historischen Bildung. Weitere Schwerpunkte sind Didaktik und Wissenschaftsbereiche der Politikwissenschaft, Sozialen Arbeit und Pädagogik. Nach seinem Eintritt als Gesellschafter wird der Wochenschau Verlag 2021 mit ersten Titeln zur Kindheitspädagogik und Sozialen Arbeit im Programm von utb vertreten sein.

Wochenschau Verlag | www.wochenschau-verlag.de

Die Marke trägt Rot – Rot trägt die Marke

Die Herstellung der utb-Bände erfolgt in den Gesellschafterverlagen. Jeder Verlag kann Satzerstellung und Druckerei des Buchblocks frei wählen. Die Druckdaten für die Umschläge werden jedoch zentral vom utb-Grafiker erstellt und an die für den Umschlagdruck zertifizierten Druckereien übermittelt. Die für alle Verlage verbindlichen Vorgaben für die Covergestaltung gewährleisten das einheitliche Erscheinungsbild der Marke und somit den hohen Wiedererkennungswert.

Cover, Logo, Formate

*„Immer wieder haben wir festgestellt, dass die Marke utb eindeutig mit der Farbe Rot assoziiert wird. Das ist bei Studierenden und Dozent*innen nicht anders als bei Buchhändler*innen und Bibliothekar*innen. Dieses wertvolle Wiedererkennungsmerkmal nutzen wir mit dem Relaunch für unser gesamtes Programm. Unsere Kund*innen sollen in jedem Medium auf einen Blick erkennen können, welche Produkte von utb sind“,* so Bertram Salzmann, Geschäftsführer zum Marken-Relaunch 2014.

Seitdem wird das Logo in einer neuen Schriftart in Kleinbuchstaben gesetzt, in weißer Schrift auf rotem Hintergrund bzw. auf den Büchern auf Blau. Vervollständigt wird das Logo durch einen Punkt als Überleitung zur Internetadresse utb.de und damit in die digitale Welt.
Auch die Umschlaggestaltung hat sich 2014 geändert. Formatübergreifend ist seither wieder – wie zu Beginn – Rot die Grundfarbe aller Buchcover. Zuvor waren nur die Cover des kleinen Formats rot, die des mittleren halb rot, halb blau und das große blau. Auch sonst gibt es seit 2014 zwischen den Formaten keine gestalterischen Unterschiede mehr. Große Abbildungen dürfen vierfarbig sein und sind von der Schriftfläche durch einen Bogen getrennt, der bis auf die Rückseite durchgeht. Die Schriftgröße ist nun nicht mehr festgeschrieben, sondern bemisst sich nach der Textmenge auf dem Cover.
Dem heute sehr einheitlichen Erscheinungsbild gingen zahlreiche Zwischenschritte voraus. Zu Beginn lehnte sich das Aussehen der Uni-Taschenbücher im Klein-Oktav-Format an Raubdrucke an, sehr schlicht, auch, um den Preis studierendenfreundlich niedrig zu halten. Die Gestaltung war anfangs eine reine Schriftlösung: Schwarze Schrift auf rotem Cover, auch das Signet ohne zusätzliche Schmuckfarbe. Drei schwarze Linien im unteren Teil boten Platz für die Nennung des Gesellschafterverlags und des utb-Sigels.

> „UTB ist eben alles, von klein bis groß.“ (Georg Siebeck auf der Gesellschafterversammlung im November 1997)

Für naturwissenschaftliche Bücher reichte das kleine Taschenbuchformat bald nicht mehr aus – Grafiken konnten nicht ausreichend groß dargestellt werden, Bilder waren vonnöten, größere Umfänge sprengten das bisherige kleine Taschenbuchformat. Daher kam 1983 ein großes Lehrbuchformat hinzu, die „Große Reihe“. Mit 24 cm Rückenhöhe entspricht es dem Format Groß-Oktav. Es sollte ursprünglich ein rostbraunes Cover bekommen. Schließlich wählte man eine

graue Farbe, die, vor allem im Vergleich zum Rot der kleinen Taschenbücher, sehr unauffällig war. Die ersten Bände in der neuen Großen Reihe erschienen im April 1983. Ein Jahr später waren es bereits 13 Bände.
Die Große Reihe sollte ursprünglich völlig eigenständig sein und hatte durch das von der utb-Farbe abweichende Umschlagsgrau, die fehlende Band-Nummerierung, die Preisgestaltung, teilweise auch durch die Hardcover-Ausstattung und eine andere Rabattierung wenig mit der bereits bestehenden Kleinen Reihe zu tun. Erst im Laufe der Zeit wurde die Reihe dem Erscheinungsbild der Marke angepasst. 1991 beschlossen die Gesellschafter*innen, für die Große Reihe die Umschlagfarbe Blau zu wählen – dasselbe Blau, das als Hintergrund im Signet UTB FÜR WISSENSCHAFT auf den Taschenbüchern der Kleinen Reihe eingeführt wurde.
Das Signet wurde 1992 in „UTB für Wissenschaft" umbenannt. Schließlich war der Begriff „Uni-Taschenbücher" mit Einführung der Großen Reihe ja nicht mehr für alle Produkte aus dem Programm zutreffend. 2009 wurde die Firmierung schließlich in „UTB GmbH" geändert und der Teil „für Wissenschaft" getilgt. Aus dem Logo verschwand „für Wissenschaft" schon 1997 bei der damaligen Gesamtorganisation des utb-Erscheinungsbildes. Die Gestaltung aller Reihen wurde erstmals von Grafiker Jürgen Reichert überarbeitet, der nach und nach Alfred Krugmann, den Grafiker der ersten Stunde und „Erfinder" der roten Buchcover, ablöste.

„Dann kam die Zeit, in der die Taschenbücher nicht mehr so ganz marktgerecht waren von der Ausstattung her. Die Ansprüche sind gestiegen und die Kalkulationen wurden immer verrückter. Plötzlich kostete ein Taschenbuch 39 Mark oder 44 Mark. Das war jenseits von sonst üblichen Taschenbuchpreisen. Dann haben wir uns mit der mittleren Reihe geholfen. Die hat dann psychologisch höhere Preise zugelassen oder gerechtfertigt. Und man hat mehr Platz gehabt, um die Bücher etwas freundlicher zu gestalten, stärker zu illustrieren. So ist dann die mittlere Reihe entstanden", so Roland Ulmer 2004.

15 Jahre nach der Großen Reihe wurde ein weiteres Format eingeführt, das zwischen der Großen Reihe und den kleinen „Uni-Taschenbüchern" lag: die Mittlere Reihe. Das mittlere Format wurde ab dem 1. Juni 1998 genutzt und ist mit einer Rückenlänge von 22,5 cm ein Oktav-Format. Sowohl von der Größe als auch von der Farbgebung (Verwendung von Blau und Rot gleichermaßen) lag es „in der Mitte" der beiden anderen Formate. Analog zu Kleidergrößen wurden die Bücher nun mit S, M und L benannt.

In Gesellschafterkreisen wurde um Einheitlichkeit gerungen, was die Gestaltung der Titelei anging. So wurden Regelungen für die Nennung des Untertitels und des Gesellschafterverlags sowie die Auflagenbezeichnung gefunden. Die Schriftfarbe änderte sich von Schwarz auf Weiß, dann gab es blaue Untertitel oder blaue Autor*innennamen und Auflagenbezeichnungen. Auch Rückenzeile und Umschlagrückzeile veränderten sich nur behutsam über die Jahrzehnte. Die einheitliche utb-ISBN etwa kam 1992 hinzu, als elektronische Bestellmöglichkeiten diese notwendig machten.

Die utb-Identität hinter dem Umschlag

Während die Umschläge aller Uni-Taschenbücher einheitlichen Maßstäben entsprechen, hört die utb-Identität hinter der Umschlagseite häufig auf: Das Layout des Innenteils unterscheidet sich zum Teil erheblich. Besonders in den Anfangsjahren der utb war das Erscheinungsbild des Innenteils uneinheitlich.

Bei Autopsie der ersten Bände fällt tatsächlich auf, dass der Schriftgrad sehr klein und die Stege sehr schmal sind. Wulf D. von Lucius sieht die fehlende Ästhetik der utb-Bücher vor allem als materielle Frage:

„Wenn man die Prinzipien von jemandem, der Bodoni-Drucke sammelt, ins Lehrbuch übertragen wollte, würde man den Studenten einen schlechten Dienst erweisen, weil man dann soviel Arbeit in das Buch stecken würde, dass es viel zu teuer werden würde."
Ähnlich pragmatisch beurteilt er die Frage der Uneinheitlichkeit der Buchblöcke:

„Es legt ja nie einer zwei Bücher meines Verlages aufgeklappt nebeneinander und sagt ‚Die sehen ja ganz verschieden aus'. Es gibt viele Verleger, die so denken, ich halte es aber für eine falsche Ansicht. Natürlich kann es sein, dass ein Student drei Bücher aus meinem Verlag besitzt, aber die liest er ja wiederum nicht gleichzeitig. Und dass er so ein optisches Gedächtnis hat, dass er sagt ‚Das sieht ja anders aus', das glaube ich nicht. Und selbst wenn er das bemerkt, dann muss ich fragen: Stört mich oder ihn das?"

Erst bei der auf einheitliche Didaktisierung angelegten basics-Reihe gelang es, dass auch im Innenteil einheitliche Standards der Gestaltung eingehalten wurden. Für die übrigen Bücher des utb-Programms sind solche Regeln nicht durchsetzbar, da im Gesellschaftsvertrag die Publikationserlaubnis für die Gesellschafterverlage nicht an Bedingungen wie die Darstellungsform geknüpft ist.

utb-Formate 2020 (S, M, L, XL)

Umschlaggestaltung

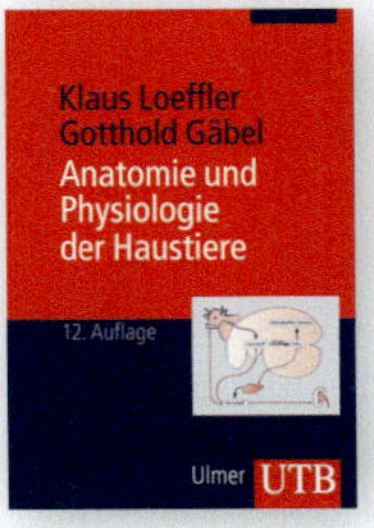

Gestaltung im Wandel der Zeit

Zu Beginn noch mit der Anmutung von Raubdrucken wandelte sich die Gestaltung der utb-Bände in 50 Jahren stetig und wurde dem Zeitgeist angepasst. Relevant war immer, dass Studierende und Lehrende über die Covergestaltung schnell die wichtigste Information bekamen: Der Titel sollte gut lesbar, die Autor*innennamen deutlich und die Auflagenbezeichnungen knapp sein. Von Anfang an stand der Verlagsname mit dem Markenlogo prominent auf dem Cover. Mit Einführung der Mittleren Reihe (M-Format) kamen Abbildungen hinzu, bis 2014 jedoch nur zweifarbig in Rot und Blau, was das grafische Potenzial einschränkte.

Die Relevanz der Darstellung im Netz

Mit dem Relaunch 2014 ändert sich Grundlegendes: Neues Logo, rote Grundfarbe, vierfarbiger Druck der Umschläge, möglichst ansprechende und aussagekräftige Abbildungen – eine optisch einheitliche und attraktive Covergestaltung ist besonders für die Darstellung im Internet von Vorteil. Die Erkenntnis, dass Studierende ausschließlich die Marke utb wahrnehmen und der Verlagsname auf der Umschlagvorderseite oftmals nicht als solcher erkannt wurde, führte dazu, dass der Name des jeweiligen Gesellschafterverlags nun auf der Umschlagrückseite steht.

Die Roten müssen in die Welt

Buchhandel und Vertreter*innen

Anfangs besuchte Volkmar Kalki die wissenschaftlichen Buchhandlungen der Bundesrepublik, während die Sekretärin im Büro die Stellung hielt. Mit dem Zug fuhr der Geschäftsführer selbst alle wichtigen Unibuchhandlungen Deutschlands an, im Koffer die ersten 14 bereits erschienenen Taschenbücher: Von Hamburg bis Konstanz, von Aachen bis Hannover, nach München... In Bremen meinte der Buchhändler, utb kenne er nicht, er habe auch gar keine Zeit, im Laden sei viel los. Volkmar Kalki öffnete den Koffer und zeigte die erste Produktion, worauf der Buchhändler stutzte und meinte:

> „Ach, die Roten, doch, die kenne ich!

Auch die Namen der Autor*innen taten wohl ein Übriges und so bat der Buchhändler Volkmar Kalki zu warten, bis er Zeit für ihn habe, um seine Bestellung aufzugeben.
In Düsseldorf wurde der Geschäftsführer in der Buchhandlung nicht vorgelassen, in München wurden dagegen in einer großen Buchhandlung alle Abteilungsleiter*innen zusammengerufen. Dort kam eine große Bestellung zusammen, an deren Ende der Geschäftsführer der Buchhandlung fragte, ob es dafür nicht einen Sonderrabatt geben müsse. Kalki verneinte, worauf der Buchhändler die gesamte Bestellung vor aller Augen zerriss. Geschockt von diesem Erlebnis betrat er die nächste Buchhandlung und traf auf eine mitfühlende Buchhändlerin, die nachfragte, weshalb er denn so geknickt aussehe. Nachdem sie die niederschmetternde Geschichte mit der zerrissenen Bestellung hörte, bemühte sie sich mit ihrer eigenen Bestellung um Kompensation.
Ab 1972 setzte utb freie Buchhandelsvertreter ein. Einen für Norddeutschland, einen für Süddeutschland und einen dritten für Berlin. Eine Zeit lang gab es sogar einen Vertreter, der die Niederlande bereiste, sowie einige Herren, die flächendeckend in Deutschland Schulen besuchten. Dies waren Vertreter des Schulbuchverlags Schöningh. Mit dem niederschwelligen Teil des utb-Programms, der sich für Leistungskurse eignete, machten diese Vertreter Ausstellungen an Gymnasien. Dieser Geschäftszweig war eine Zeit lang überaus erfolgreich.
Mit dem Geschäftsführerwechsel auf Volker Hühn trat utb im Jahr 2000 der Vertriebskooperation der Verlage Böhlau/Primus/WBG bei. 2001 erhielt diese Vertriebskooperation den Namen FORUM – Wissenschaft fürs Sortiment. Zwei festangestellte Außendienstmitarbeiterinnen betreuten dort den deutschen Buchhandel. Im April 2006 wurde der Vertrag für die Kooperation UTB:forum unterzeichnet. In UTB:forum schlossen sich zum 1. Januar 2007 zwölf utb-Verlage zu einer Servicegemeinschaft für den Buchhandel in Deutschland zusammen und koordinierten ihre Vertriebsarbeit. Die Idee war: Bei UTB:forum bündeln zwölf unabhängige Verlage ihre Wissenschafts-, Fach- und Lehrbuchprogramme und setzen damit um, was der Handel mit Nachdruck einfordert – Effektivität und Rationalität im Warenbezug.
Jeder Buchhandelspartner hatte somit für alle zwölf Verlage einen einzigen Ansprechpartner in allen Bereichen, die Aktivitäten für den Buchhandel in Deutschland wurden auf allen Ebenen gebündelt: Außen- und

Innendienst, Vorschau, Auslieferung, Rechnung und Marketingaktionen.
In einem nächsten Schritt wurde aus UTB:forum zum Januar 2011 die Vertriebsgemeinschaft forum independent GmbH. Damit konnten ab diesem Zeitpunkt auch Verlage der Vertriebskooperation beitreten, die nicht zur UTB GmbH gehörten. Die Marktsituation, d.h. der Rückgang des Buchhandelsanteils am Umsatz, zwang immer mehr Verlage, sich solchen Kooperationen anzuschließen. Zunächst blieb das Team aus Außen- und Innendienst unverändert, die Geschäftsführung übernahm Bertram Salzmann, der in Personalunion Geschäftsführer der UTB GmbH blieb.
Zum 1. April 2012 übernahm Silvia Maul die Geschäftsführung der Sach- und Fachbuch-Vertriebskooperation, die zuvor als Buchhandelsvertreterin und Key-Account-Managerin für forum independent tätig war. Auf diese Weise konnte die Ausgliederung der 2011 neu gegründeten Firma auch durch räumliche Trennung vollzogen werden. Die Firma hat ihren Sitz nun in Köln. Durch Aufnahme neuer Verlage ins Portfolio veränderte sich die Ausrichtung der forum independent seither sukzessive.

„Das bewährte Modell der Vertriebskooperation utb wurde auf die Neugründung forum independent übertragen

… und hier weitergeführt mit „nicht-utb-„Verlagen. Die neuen beteiligten Verlage vertrauen auf diese Basis und entwickeln diese mit mir zusammen entlang den Veränderungen des Buchhandel-Marktes weiter. Ich bin stolz auf dieses zukunftsfähige Modell und dass ich daran mitwirken durfte und darf. Ohne diese Ursprungsidee und den wirtschaftlichen Rückhalt der utb über die vielen Jahre hätte forum independent nicht so erfolgreich durchstarten können: Danke!“ Silvia Maul

Ab 2019 wurde ein neues Außendienstteam für Deutschland verpflichtet. Aktuell ist Alexandra von Bomhard für utb im Süden unterwegs, Stefan Meunier ist der utb-Ansprechpartner im Norden.

Alexandra von Bomhard
Außendienst Deutschland Süd

Stefan Meunier
Außendienst Deutschland Nord

Online-Buchhandel

Das Internet und die Digitalisierung führten Mitte der 1990er Jahre zur Gründung zahlreicher Online-Buchhandlungen. Der Handel mit Büchern im Netz nahm Fahrt auf und ist heute nicht mehr wegzudenken. Auch utb arbeitet direkt mit verschiedenen Online- und Versandbuchhandlungen zusammen und betreibt einen eigenen Shop.

Digitalvertrieb

Bis zum Start des digitalen Angebots utb-studi-e-book (s. S. 47ff.) 2009 hatte utb wenig direkten Kontakt zu Bibliotheken. Diese wurden in der Regel vom Buchhandel vor Ort oder von spezialisierten Versandbuchhandlungen mit der gewünschten Printliteratur versorgt. Der Vertrieb von E-Books auf großen Plattformen war auf diese Geschäftsbeziehungen nicht ohne Weiteres übertragbar.
Anfangs verfolgte utb die Idee, den stationären Fachbuchhandel am Vertrieb von utb-studi-e-book teilhaben zu lassen. So wurden alle Buchhandels-Reisekunden zeitgleich mit der Ankündigung der Plattform an die Hochschulbibliotheken informiert, verbunden mit dem Angebot, sich als Vertriebspartner lizenzieren zu lassen. Allerdings zeigte sich, dass vor allem die schon zuvor auf Bibliotheken spezialisierten Dienstleister wie z.B. Dreier, Lehmanns, Missing Link und Schweitzer dieses Angebot annahmen.
Parallel wurde bei utb selbst ein Bibliotheksservice aufgebaut. So bietet utb einen technischen Hotline-Service für Studierende und Bibliotheken, stellt Fachbereichspakete zusammen, bereitet E-Books auf, lädt diese auf die Plattformen und vieles mehr. Auch die Mitarbeit bei der Zusammenführung der Angebote utb-studi-e-book und scholars-e-library auf der Atypon-Plattform utb elibrary gehört zu den Projektaufgaben des utb-Bibliotheksteams.

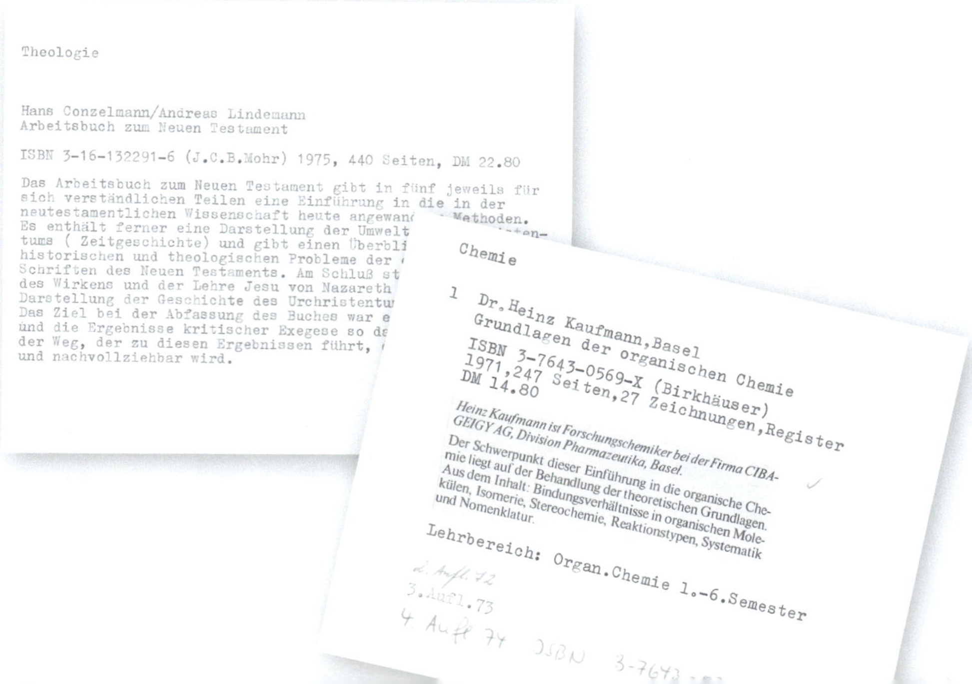

Theologie

Hans Conzelmann/Andreas Lindemann
Arbeitsbuch zum Neuen Testament

ISBN 3-16-132291-6 (J.C.B.Mohr) 1975, 440 Seiten, DM 22.80

Das Arbeitsbuch zum Neuen Testament gibt in fünf jeweils für sich verständlichen Teilen eine Einführung in die in der neutestamentlichen Wissenschaft heute angewand[...] Methoden. Es enthält ferner eine Darstellung der Umwelt [...] tums (Zeitgeschichte) und gibt einen Überbli[...] historischen und theologischen Probleme der [...] Schriften des Neuen Testaments. Am Schluß st[...] des Wirkens und der Lehre Jesu von Nazareth [...] Darstellung der Geschichte des Urchristentu[...] Das Ziel bei der Abfassung des Buches war e[...] und die Ergebnisse kritischer Exegese so da[...] der Weg, der zu diesen Ergebnissen führt, [...] und nachvollziehbar wird.

Chemie

1 Dr. Heinz Kaufmann, Basel
Grundlagen der organischen Chemie
ISBN 3-7643-0569-X (Birkhäuser)
1971,247 Seiten,27 Zeichnungen,Register
DM 14.80

Heinz Kaufmann ist Forschungschemiker bei der Firma CIBA-GEIGY AG, Division Pharmazeutika, Basel.

Der Schwerpunkt dieser Einführung in die organische Chemie liegt auf der Behandlung der theoretischen Grundlagen. Aus dem Inhalt: Bindungsverhältnisse in organischen Molekülen, Isomerie, Stereochemie, Reaktionstypen, Systematik und Nomenklatur.

Lehrbereich: Organ.Chemie 1.-6.Semester

2. Aufl. 72
3.Aufl.73
4. Aufl 74 ISBN 3-7643-

„Seit vielen Jahren arbeitet die Firma Dietmar Dreier mit utb zusammen. Insbesondere im Bereich der elektronischen Medien ist die Zusammenarbeit sehr intensiv und partnerschaftlich, geprägt von Flexibilität, Offenheit und einem Hauch Kreativität. Gemeinsames Brainstorming und das Ausarbeiten von speziellen Angeboten, zugeschnitten auf die Bedürfnisse einzelner Kunden sowie das Erstellen von Sonderaktionen anlässlich der Bibliothekartage oder Buchmessen, haben den Erfolg auf beiden Seiten wachsen lassen. Der schnelle Service in Kombination mit den qualitativ hochwertigen Inhalten von utb haben dazu geführt, dass wir eine große Zahl wissenschaftlicher Bibliothekskunden zu unseren gemeinsamen und zufriedenen Stammkunden zählen dürfen. Wir gratulieren utb zum 50-jährigen Jubiläum und freuen uns auf die nächsten gemeinsamen und spannenden Jahre.“
Josefine Kern, Dietmar Dreier GmbH

„Ich verbinde erstmal Tübingen mit dem utb-Verlag, da ich bei Osiander meine Ausbildung gemacht habe und dort die Bücher von Ihnen sehr beliebt waren. Auch in meinem Studium (Skandinavistik und Amerikanistik, Schwerpunkte Literatur und Kultur) habe ich viele Ihrer Bücher nutzen können. Ich verbinde des Weiteren sehr qualifizierte Autoren und ein fachliches, aber nicht den interessierten Studienanfänger ausschließendes Wissen mit Ihren tollen Titeln. In Erinnerung blieb mir vor allem das Buch, in dem das Anfertigen einer Facharbeit/Bachelor-Arbeit mit dem Backen eines Kuchens verglichen wurde [Martin Kornmeiers „Wissenschaftlich schreiben leicht gemacht“]. (Leider sind sie bei uns in der Fachbuchhandlung kaum nachgefragt. ☺)“
Alya Susanne Clauß, Schweitzer Fachinformationen

„Mit utb verbinde ich gut recherchierte und wertvolle Fachliteratur, die mit ihrem Design sofort auf sich aufmerksam machen. Ich bin in einer Universitäts-Buchhandlung beschäftigt und kann deswegen klar und deutlich sagen, dass diese Bücher aus dem utb-Verlag schon einigen Studierenden hier in Regensburg die Abschlussnote gerettet haben! Ein herzliches Dankeschön von uns Buchhändler*innen und unseren Studierenden dafür!“
Kerstin Stöber, Pustet

Präsentation in Bildern

Praktische Theologie
Theologie studieren
Theologie verstehen
Jesus Christus
Theologie des Neuen Testaments
Theologie des Alten Testaments
Lesen und Verstehen

NEU
NEU

Auf alles vorbereitet.
UTB basics

Motiviert studieren
Schreib-kompetenz
Richtig wissenschaftlich schreiben
Deutsch fürs Studium

Brockhaus/Commission

50 Jahre utb, eine Erfolgsgeschichte!

„Forever young, trotz 50 Jahren auf dem Buckel. Positiver kann man die utb nicht beschreiben. Studienliteratur unterliegt einem stetigen Wandel, gesellschaftlich und bildungspolitisch beeinflusst. Bücher, Medien und digitale Inhalte zur Wissensvermittlung dürfen sich nie dem Zeitgeist unterwerfen, müssen jedoch anpassungsfähig sein und mit der Zeit gehen. Das Phänomen ist, dass die utb dies seit 1970 durchgehend schafft. Gegründet kurz nach den 68ern von einem Kollektiv wissenschaftlicher Verleger als Produkt- und Vertriebsplattform für Studieninhalte ihrer Stammhäuser, hat die utb bis heute vier Geschäftsführer gehabt, die mit ihrer Arbeit in den jeweiligen Entwicklungsphasen optimal die Richtung vorgegeben haben. In 50 Jahren vier Geschäftsführer bedeutet gleichermaßen Kontinuität, wie die Jahre Veränderungen brachten, denen sich die Inhalte und Darreichungsformen osmotisch anpassen mussten. Seit 1968 hat sich gesellschaftlich und politisch viel verändert, Studiengänge wurden eingeführt, andere eingestellt, Bildungsinitiativen angeordnet, wissenschaftliche Studiengänge neu strukturiert. Abschlüsse auch: Wer dachte 1970 an den Bachelor oder den Master. Und mittendrin als Fels in der Brandung: die utb. Rot ist nie tot, könnte man reimen. Es ist eine Freude und Herausforderung, die utb seit ihrer Gründung als Auslieferungspartner zu betreuen. Eine Herausforderung auch, weil wir bei Brockhaus die Innovationsfreude der utb immer mitgestalten dürfen. ‚Together we swarm' ist das Motto einer nordamerikanischen Universität, das könnte auch das Ideal und Motto der Gesellschafterverlage und Geschäftspartner der utb sein."

Matthias Heinrich, Geschäftsführer

AVA +BARSORTIMENT
Buy local Ihr Schweizer Lieferant für (fast) alles was Sie brauchen
Verlagsauslieferung AG

Seit 2011 ist die AVA Verlagsauslieferung AG Auslieferungspartner der utb in der Schweiz.

„Wir gratulieren dem utb-Verlag zum 50. Geburtstag und bedanken uns herzlich für die langjährige und vertrauensvolle Zusammenarbeit.“

Stefan Schwerzmann, Geschäftsleiter

MOHR • MORAWA
Buchvertrieb

50 Jahre utb – 50 Jahre utb mit Mohr Morawa

„Im Sommer 1971 begann unsere Zusammenarbeit, damals noch als Mohr ZG, mit dem Stuttgarter UTB Verlag in Österreich. Einerseits als Verlagsauslieferung, andererseits als Vertriebsdienstleister. Noch heute sind Titel wie „Maderthaner, Psychologie“ und „Burkhardt, Kommunikationswissenschaften“ aus der universitären Standardlektüre in Österreich nicht wegzudenken. Wir gratulieren zum 50. Geburtstag, und freuen uns auf den Beginn der nächsten 50 Jahre!“

Peter Kargl, Geschäftsleitung Vertrieb | Einkauf

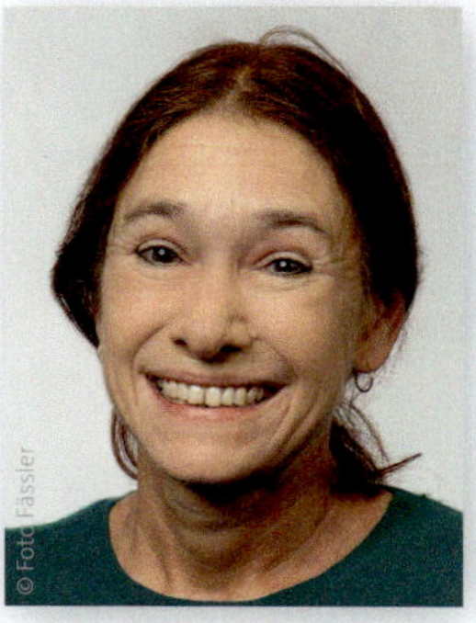

Stephanie Brunner
Außendienst Schweiz

Roland Fürst
Außendienst Österreich

Longseller – Lieferbar seit 1971

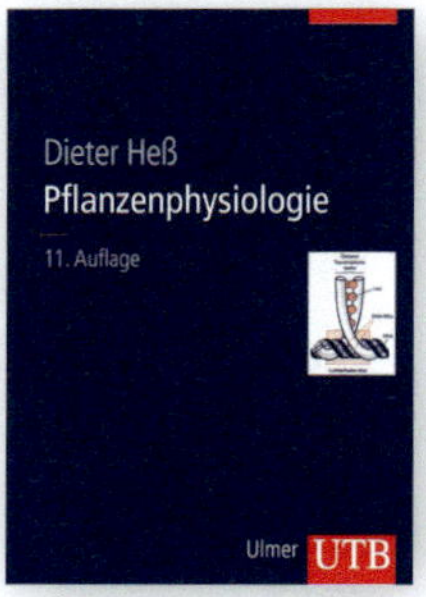

„Sicher nicht umsonst wird das Buch über die ‚Anatomie und Physiologie der Haustiere' als Lehrbuch-Klassiker bezeichnet. Seit Jahrzehnten vermittelt es in prägnanter und übersichtlicher Form alle grundlegenden Kenntnisse über den Bau und die Funktionen des Haustierorganismus. [...] Für alle, die Agrarwissenschaften oder Tiermedizin studieren, steht in diesem Buch alles drin, was man wissen muss. Verständlich geschrieben, anschaulich erklärt und mit vielen Abbildungen – so wünscht man sich alle Lehrbücher."
Tierärztliche Umschau zu „Anatomie und Physiologie der Haustiere"

Lieferbare Bestseller aus 50 Jahren

„[...] Die Technik wissenschaftlichen Arbeitens von Franck/Stary ist eine hervorragende, vielseitige Einführung in den Themenbereich, von deren Herangehensweise und Struktur manch anderer Ratgeber dieses Segments noch etwas lernen könnte. [...]"
scholarzblog zu „Die Technik wissenschaftlichen Arbeitens"

Auswahl weiterer aktuell lieferbarer Bestseller (alphabetisch sortiert)

- Bieswanger/Becker: Introduction to English Linguistics. 4. Aufl. 2017
- Esselborn-Krumbiegel: Richtig wissenschaftlich schreiben. 6. Aufl. 2020
- Gudjons/Traub: Pädagogisches Grundwissen. 13. Aufl. 2020
- Hildebrand: Juristischer Gutachtenstil. 3. Aufl. 2017
- Hochstadt/Krafft/Olsen: Deutschdidaktik. 2. Aufl. 2015
- Karmasin/Ribing: Die Gestaltung wissenschaftlicher Arbeiten. 10. Aufl. 2019
- Kornmeier: Wissenschaftlich schreiben leicht gemacht. 8. Aufl. 2018
- Maderthaner: Psychologie. 2. Aufl. 2017
- Meyer: English and American Literatures. 4. Aufl. 2011
- Staaden: Rechtschreibung und Zeichensetzung endlich beherrschen. 2. Aufl. 2016

„[D]ieses Arbeitsbuch füllt wirklich eine Lücke. [...] [D]ies [ist] das erste Lernbuch zum Thema, das man Studenten zur Not zwecks Selbststudiums an die Hand geben könnte. [...] Bestenfalls läse jeder Erstsemesterstudent den Text. Aber es wäre auch schon viel gewonnen, wenn jede Tutorin in juristischen Anfängerveranstaltungen ihn in die Hand nähme."
Roland Schimmel, zdrw.nomos.de zu „Juristischer Gutachtenstil"

Der Köder muss dem Fisch schmecken, nicht dem Angler

Von Beginn an war ein gemeinsames Marketing für die Marke utb eine Hauptaufgabe der Verlagskooperation. Nach außen tritt utb als Einheit auf, sodass manche*r verwundert ist, wenn er*sie erfährt, dass es sich nicht um einen klassischen Verlag, sondern um eine Kooperation aus derzeit 16 wissenschaftlichen Verlagen handelt. Austausch, Vernetzung und Kooperation zwischen utb und den Gesellschafterverlagen war und ist daher selbstverständlich.
In 50 Jahren hat sich nicht nur an den Rahmenbedingungen im Hochschulbetrieb und Buchhandel, sondern auch an den Formen und Arten von Werbung viel verändert, was auch eine kleine Auswahl der Werbemittel damals und heute zeigt (s. S. 91ff.).

Die **gedruckten Werbemittel** wie Vorschau, Fachbereichsbroschüren für Hochschullehrende, Flyer, Postkarten und Plakate werden größtenteils inhouse konzipiert und erstellt. Auch hier ist die Farbe Rot immer präsent. Neben postalischen Aussendungen sowie Auslagen in Buchhandlungen und Bibliotheken sind auch Messen und wissenschaftliche Kongresse Umschlagpunkt für diese Werbematerialien. Teilweise ist utb im Rahmen von Gemeinschaftsständen oder in unterschiedlichen Kooperationsformen mit Gesellschafterverlagen vor Ort präsent. Gerade das Werbematerial für Studierende gibt oft Anlass zum Schmunzeln und wird überall gerne mitgenommen. Ein wahrer Dauerbrenner ist das Gugelhupf-Motiv (s. S. 92) und auch die Postkarten zur kostenlosen Erste-Hilfe-Website studium.utb.de finden bei der Zielgruppe eine besonders positive Resonanz.

Im **Online-Marketing** ist die utb-Homepage (www.utb.de) zentrale Landingpage für alle utb-Angebote und Aktionen. Der utb-Blog (blog.utb.de) informiert über Aktuelles rund um utb, das Programm, die utb-Autor*innen u.v.m. Dozierendenbewertungen sind dort ebenso regelmäßig zu lesen wie Expert*inneninterviews der Autor*innen. Social Media dient der Markenpflege sowie Kundenbindung und ist heutzutage nicht mehr wegzudenken: utb findet man auf Facebook (UTBStuttgart), Instagram (utb_verlag_studium) und Twitter (utb_stuttgart). Der Online-Shop bietet nicht nur den Direktverkauf der utb-Produkte, sondern ist durch Anzeigenbanner auf der Startseite, Pressestimmen, Bewertungen von Kund*innen, Dozent*innen und Testleser*innen sowie digitalen Zusatzmaterialien auch im Hinblick auf Marketingaspekte relevant. utb bietet zudem sechs kundenspezifische Newsletter für Autor*innen, Bibliotheken, Buchhandel, Dozent*innen, Studierende und (sonstige) Kund*innen.
Bei allem stehen die Interessen und Bedürfnisse der verschiedenen Zielgruppen im Fokus: So finden Buchhändler*innen die für sie relevanten Informationen in der Vor-

schau und seit 2020 auch in VLB-TIX. Für unsere Bibliotheksangebote utb-studi-e-book und scholars-e-library (s. S. 47ff.) wird durch Anzeigen in relevanten Bibliotheksmedien oder auf einschlägigen Kongressen wie dem jährlichen Biblothekartag geworben. Für Studierende konzipierte Aktionen und Werbemittel werden auch von Buchhandlungen und Bibliotheken gerne genutzt. Besonders Studierende als Endkund*innen und deren Lehrende als Multiplikator*innen sind für das utb-Marketing relevant.

Studierende

Bevor es das Internet gab, war es fast unmöglich, mit einer größeren Anzahl Studierender in Kontakt zu kommen und zu bleiben. Zwar gab es Prospekte für Endkund*innen, aber die wurden eher an interessierte Laien verschickt. Adressen von Studierenden waren schwer zu bekommen, zumal diese oft umzogen. Erst durch die Digitalisierung wurden Kanäle geschaffen, durch die Verlage auch mit Endkund*innen direkt interagieren konnten.
Zum Wintersemester 2008/2009 ging die neue Plattform utb-mehr-wissen online. Hier konnten sich Studierende einloggen und kostenlos mit Zusatzmaterialien zu utb-Lehrbüchern arbeiten. Ende 2008 befanden sich dort Zusatzmaterialien zu fast 50 Lehrbüchern: Musterklausuren, Multiple-Choice-Fragen oder Lückentexte ermöglichten lehrbuchbegleitendes Lernen und Üben. Studierende fanden darüber hinaus weiterführende Informationen, Links und Ergänzungen. Bereits nach wenigen Wochen hatten sich schon über 500 Nutzer*innen registriert. Zugrunde lag das frei nutzbare System Moodle, das viele Hochschulen für ihre Lehrveranstaltungen ohnehin nutzten und daher gut kannten.
Mit diesem Zusatzangebot sollte das Lehrbuchprogramm abgerundet und gleichzeitig auf das Medienverhalten der „digital natives" reagiert werden, die naturgemäß nicht mehr nur mit Büchern lernten. Heute sind die über 900 Zusatzmaterialien im utb-Shop integriert. Dort können sie beim jeweiligen Titel direkt heruntergeladen werden.
Mit dem 2011 erfundenen „Studiertier", das u.a. eine eigene Facebook-Seite bekam, wurde eine Spielwiese für Studierende und nicht zuletzt für die jeweiligen studentischen Praktikant*innen geschaffen. „Studiertier fragt" (http://www.utb.de/studierende/studiertier-fragt/), eine Interviewreihe, in der Studierende andere Studierende zu Studiengang, Auslandsaufenthalten oder Berufschancen befragten, wurde von utb-Praktikant*innen ins Leben gerufen und betreut.
Am 20. September 2011 ging das Portal studium.utb.de online. Dort gibt es kostenlos verlässliche Informationen und Tipps aus den utb-Ratgebern namhafter utb-Autor*innen. Studierende finden Hilfe rund um das wissenschaftliche Arbeiten: recherchieren, lesen und exzerpieren, lernen und behalten, Hausarbeiten schreiben, präsentieren und Prüfungen bestehen. Viele Checklisten und Arbeitsblätter stehen zum Download bereit. Die Erste-Hilfe-Website wird so gut angenommen, dass sie regelmäßig überarbeitet und um Inhalte neuer utb-Studienratgeber ergänzt wird.
Zur Einführung des Lehrbuchs „Molekularbiologische Methoden" gab es 2010 einen Versuch, das Buch über studentische Testleser*innen besser an den jeweiligen

Lehrstühlen zu verankern. Über ein an Fachschaften versandtes Plakat wurden Testleser*innen gesucht, die das Buch im Tausch gegen eine Rezension umsonst bekamen. Das Modell, Bücher durch die Zielgruppe testen zu lassen, wurde später zum Testleser*innen-Programm (http://www.utb.de/studierende/testleser-werden/) ausgebaut. Für das Wintersemester 2013/2014 wurde erstmals eine große Semesteraktion konzipiert: Im Zentrum steht jeweils ein E-Book, das Studierende, insbesondere Studienanfänger*innen, beim wissenschaftlichen Arbeiten unterstützt. Seit 2018 lautet der Titel des E-Books „Roter Faden". Kernstück bildet ein Kapitel aus einem utb-Studienratgeber, das mit passenden Inhalten und Materialien, Tipps, Rezepten, Studierendenwahrheiten u.v.m. ergänzt wird. Dem „Roten Faden. Organisiert ins Studium starten" (2018) folgten zwei weitere zu den Themen Hausarbeit und Präsentation. Mit einem Gutscheincode auf den zugehörigen Aktionspostkarten kann das E-Book gratis heruntergeladen werden. Kooperationspartner sind hier vor allem Fachschaften, die die Postkarten in ihre Tüten zum Studienstart packen oder für andere Aktionen nutzen. Ergänzt wird die Aktion durch ein passendes Plakat. Buchhandlungen, Bibliotheken, Dozent*innen und Autor*innen beteiligen sich gerne. Auch in Gutscheinheften der TU Dresden und TU Darmstadt ist die Aktion in Kooperation mit einer ortsansässigen Campus-Buchhandlung (inklusive Gutschein für das Notizbuch „Weißes Papier") präsent.

„Ich schätze die utb-Bände sehr! Bereits als Studentin habe ich davon profitiert und heute in der Lehre (Biblische Theologie sowie Propädeutik) werden einzelnen Bände regelmäßig von mir empfohlen. Durchweg zeichnen sich die Bände durch fachliche Qualität, gute Lesbarkeit und ein akzeptables Preis-Leistungs-Verhältnis aus. Danke auch für den informativen Newsletter und die Möglichkeit, sich über Dozentenexemplare einen leichten Einblick ins Sortiment zu verschaffen."
Prof. Dr. Anne Conrad, Universität des Saarlandes

„Mit utb verbinde ich Fach- und Grundlagenliteratur sowie das unverwechselbare rot-blaue Design. Die Bücher sind verständlich, wissenschaftlich fundiert und ansprechend aufbereitet. Das Programm insgesamt ist übersichtlich, deckt wichtige Bereiche ab und wird immer wieder überarbeitet. Mit dem Service bin ich sehr zufrieden – unkompliziert, rasch, kompetent. Der Newsletter kommt nicht zu oft und nicht zu selten und gibt immer wieder Anlass zum Hineinschauen und Weiterrecherchieren."
Dr. Sabine Höflich, Pädagogische Hochschule Niederösterreich

„Der Dozentenservice von utb ist hervorragend. utb steht für Fachliteratur, die schlicht und dennoch ansprechend aufgemacht ist. Übrigens auch haptisch: Man nimmt die praktischen Exemplare einfach gerne in die Hand. Wissenschaft braucht verlässliche Verleger, die sich auf dem Markt zu behaupten wissen. utb zählt dazu."
Dr. Karla Sponar, DIPLOMA Hochschule

„Als Student, Dozent und Autor habe ich viele gute Erfahrungen mit utb gemacht. Das Programm hat mein akademisches Leben über fast vierzig Jahre begleitet – und begleitet es noch immer!"
Prof. Dr. Thorsten Roelcke, Technische Universität Berlin

„Ich schätze an utb den kompetenten Dozentenservice, durch den ich immer rechtzeitig vor Semesterbeginn über Neuerscheinungen informiert werde. Die Produkte von utb zeichnen sich durch ein hervorragendes Preis-Leistungs-Verhältnis aus. Und optisch ist das rote Cover einfach ein Alleinstellungsmerkmal. utb fällt auch insoweit stets positiv auf. Auf viele weitere Jahre in gewohnter Qualität!"
Prof. Dr. Robert Esser, Universität Passau

„Es gibt sicherlich nicht viele Verlage in Deutschland, die über so lange Zeit dieses hohe Niveau gehalten haben und stetig um Optimierung bemüht sind. Weiter so!
Mit utb verbinden mich seit Jahren die hohe fachliche Kompetenz und durchgängige Aktualität Ihrer Produkte. Ein ständiger Optimierungsprozess zeichnet die Arbeit des Verlages aus. Das utb-Programm orientiert sich an den Bedürfnissen der Konsumenten/innen. Durch die Arbeit qualifizierter Autoren/innen gelingt es Ihnen, Ihre Leser an den Verlag zu „binden".
Der Service lässt keine Wünsche offen. Ich werde weiterhin Leser Ihrer Werke sein und diese an meine Studenten/innen empfehlen. Eine Aufnahme in meine Literaturliste erfolgte ebenso selbstverständlich wie auch die Empfehlung an unsere Bibliothek zur Beschaffung der Bücher."
Thomas Uhl, Polizeiakademie Niedersachsen

„Mit utb verbinde ich natürlich die rot-blauen Bücher, die ich in Regalen unserer Bibliothek und bei Kollegen/Kolleginnen im Büro sofort entdecke. Der Service von utb ist überaus zuvorkommend und freundlich. Besonders schätze ich, dass man neben den Lese-/Prüfexemplaren auch immer wieder Materialien erhält, die an Studierende zur kostenfreien Nutzung weitergegeben werden können (Bsp: Postkarte Hausarbeit) [Semesteraktion 2019]. Das Programm ist thematisch umfassend und bietet Werke für unterschiedliche Zielgruppen innerhalb einer Fachdisziplin, so dass sowohl Einsteiger als auch fortgeschrittene Studierende (und Lehrende) mit ihnen arbeiten können und gründlich informiert sind. Daher freue ich mich immer, wenn ich ein neues Buch für meine Disziplin bei utb entdecke."
Marina Fleck, Katholische Universität Eichstätt-Ingolstadt

Hochschuldozent*innen

1975 begann utb mit umfangreichen Vorarbeiten und Diskussionen für einen „Adressenpool Akademiker*innen". Ein Jahr später waren die Pläne gescheitert, da die Gesellschafter*innen mehrheitlich gegen diesen zusätzlichen Unternehmenszweck der utb votierten. Daher musste utb für jegliche Werbung an Hochschullehrende zunächst Adressen kaufen.
Versandt wurde dann sowohl Einzeltitel- als auch Fachbereichswerbung. Die Lehrenden wurden gebeten, zu den Büchern eine Kurzkritik zu verfassen. Dies taten zwar nicht alle, aber die eingehenden Rückmeldungen waren und sind bis heute wertvoll und nicht wenige Kritikpunkte wurden und werden bei Neuauflagen oder für die weitere Programmplanung berücksichtigt. Zu einer Einführung in die Linguistik, die sehr erfolgreich war, meldete ein Professor aus Köln zurück, diese sei großer Unsinn. Daraufhin bat man ihn, doch selbst eine Einführung zu schreiben. So hatte man zwei gute und erfolgreiche Bücher, die sich zwar inhaltlich teilweise widersprachen, aber beide ihre Berechtigung im Markt hatten.
1993 wurde utb assoziiertes Mitglied der ASPI, einem Dienstleister für Direktmarketing und Adressen. Diese Adressen versah utb ab 2005 mit eigenen Kategorien, um die Art der Werbung besser auf die Fachbereiche und Bedürfnisse der Dozent*innen abzustimmen. Zu dieser Zeit wurde eine neue Stelle für das utb-Dozent*innenmarketing geschaffen. Dieses sollte sich nicht nur um den Auf- und Ausbau der Adressdatei kümmern, sondern auch gezielt Marketingaktionen für Hochschullehrende (auch in Verbindung mit Handel und Außendienst) entwickeln. Außerdem sollte Marktforschung in diesem Bereich betrieben werden. Als Marketinginstrument wurden die „SPOTS" entwickelt, Fachbereichsprospekte, mit denen Dozent*innen regelmäßig über Neuerscheinungen und Backlist-Titel ihres Fachbereichs informiert wurden. Lehrende erhielten erstmals Prüfexemplare, um gezielt Empfehlungen zu generieren. In großen Verlagen mit Lehrbuchprogramm waren solche Marketingbemühungen im Hinblick auf Dozent*innen durchaus üblich, für kleinere und mittlere Verlage aber etwas Besonderes. Seit dem Ausstieg bei ASPI Ende des Jahres 2014 verwaltet und erweitert utb den Dozierenden-Adresspool eigenständig.
Aufgrund der veränderten Rahmenbedingungen hinsichtlich Studienbetrieb und Studierendengewohnheiten sowie (Campus-)Buchhandel gewann der utb-Dozent*innenservice als Marketinginstrument zunehmend an Bedeutung, um die Endzielgruppe der Studierenden zu erreichen. Im Zuge der Digitalisierung stieg auch die Nachfrage nach elektronischen Angeboten, sodass utb Prüfexemplare auch in digitaler Form anbietet. Zu vielen utb-Titeln sind elektronische Zusatzmaterialien wie Foliensätze, Arbeitsmaterialien oder Übungsfragen mit Antworten verfügbar. Mit der neuen Online-Plattform 2021 soll dieser Bereich der digitalen Unterstützung für Lehre und Wissenschaft an den Hochschulen noch ausgebaut werden.
Heute werden Fachbereichsbroschüren (ehemals „SPOTS") zu sieben unterschiedlichen Großfachbereichen in (1) Geistes- und Kulturwissenschaften, (2) Natur/Geographie/Gesundheit, (3) Pädagogik/Soziale Arbeit/Psychologie, (4) Ratgeber für Studium

und Lehre, (5) Recht/Wirtschaft, (6) Sozialwissenschaften/Geschichte und (7) Theologie/Philosophie im Semesterrhythmus zweimal jährlich an knapp 32.000 Hochschullehrende in Deutschland, Österreich und der Schweiz verschickt. Neben den Angeboten und Services schätzen Dozierende nach wie vor besonders den persönlichen Kontakt und Austausch.

Autor*innen

Obwohl die Lektorate bei den einzelnen Gesellschafterverlagen angesiedelt sind, verbindet utb mit vielen Autor*innen eine enge Zusammenarbeit. Seit Jahren ist auch das Autor*innenmarketing ein Werkzeug der Vertriebs- und Marketingkooperation. Hierfür stellt utb den Autor*innen Flyer sowie Vorschläge zum Selbstmarketing zur Verfügung. Die Resonanz darauf ist sehr positiv.

Oft bekommen Autor*innen auf Wunsch individuell zusammen gestellte Marketinggunterstützung: Belegexemplare und Flyer für Buchvorstellungen, Plakate u.v.m.
Mit den Expert*inneninterviews werden interessante jedoch oft komplexe Themen auf eine knappe, internettaugliche und spannende Form für den utb-Blog verständlich dargestellt: Autor*innen beantworteten Fragen wie z.B.: Warum lohnt es sich wirtschaftlich, soziale Verantwortung zu übernehmen? Oder: Was kann man aus der Beobachtung von Kwakwala oder Marind über die englische Sprache lernen?
Hin und wieder entstanden und entstehen ganz besondere Beziehungen zwischen utb und Autor*in. So landeten z.B. einige utb-Mitarbeiterinnen wiederholt im Vorwort der vielen Auflagen von Martin Kornmeiers Bestseller „Wissenschaftlich schreiben leicht gemacht".

„UTB ist mir in meinen ersten Semestern an der Universität Tübingen als einer der großen Lehrbuchverlage begegnet. Ich habe mit Bea/Dichtl/Schweizer die allgemeine Betriebswirtschaftslehre studiert, und Mikroökonomik bei Adolf Wagner in seinem „kleinen roten Büchlein", wie er es liebevoll nannte. Damals waren die Lehrbücher von UTB noch recht nüchtern, mit dünnem Papier und bei manchen Büchern haben sich die Seiten nach intensivem Studium aus dem Buch gelöst. Das hat sich alles von Grund auf geändert. Heute ist UTB der vielleicht innovativste Lehrbuchverlag in Deutschland, der immer für Ideen von Autoren offen ist, und dies vor allem auch umsetzt. Ich weiß noch, wie stolz ich war, als ich mein erstes Werk bei UTB in den Händen hielt. Herzlichen Glückwunsch zu dem tollen Jubiläum. Macht weiter so!"
Prof. Dr. Dr. Dietmar Ernst, Hochschule für Wirtschaft und Umwelt Nürtingen

„Mit utb verbinde ich eine langjährige, unkomplizierte und sehr gute Kooperation als Lehrbuchautorin. In der Hochschulwelt wird die hohe Qualität der Lerhbücher, sowohl auf inhaltlicher, fachlicher als auch optischer Ebene wahrgenommen. An utb schätze ich besonders die Flexibilität auch bei laufenenden Projekten. Fragen werden jederzeit kompetent beantwortet. Am Publizieren bei utb gefällt mir besonders, dass die Lehrbücher unter einem gemeinsamen Dach mit gemeinsamen Layout veröffentlicht werden und die Bücher für die Leserschaft günstig sind, die Qualität aber dennoch sehr hoch ist."
PD Dr. Susanne Kühl, Universität Ulm

„Die roten UTB-Fachbücher haben mich schon in meiner eigenen Studierendenzeit begleitet. Sie waren die Basis meines Lernens in vielen Grundlagenfächern. Schon damals waren die Qualität und die Breite der angebotenen Fächer/Themen die ausschlaggebenden Faktoren, um ein relativ hochpreisiges Buch von UTB zu kaufen. Dies spricht für die Qualität des Lektorats bei UTB. Wer bei UTB publiziert, hat es „geschafft" und wird als ernstzunehmender Gesprächspartner und Lehrender akzeptiert. Für mich persönlich bedeutet das Publizieren bei UTB, dass ich das in Jahrzehnten angeeignete Wissen in Forschung und Lehre qualitativ hochwertig publizieren kann und dabei eine ausgezeichnete Unterstützung erfahre. Am Ende profitieren die Studierenden davon, dass ein enger Kontakt zwischen den Verlagen und den Publizierenden besteht und bekommen daher inhaltlich aktuelle und hochwertige Fachbücher – mittlerweile auch digital – zu einem angemessenen Preis."
Prof. Dr. Ludger Herrmann, Universität Hohenheim

„Oktober 1988, erstes Semester Betriebswirtschaftslehre an der Universität Tübingen, seitenlange Literaturlisten in jedem Fach… Zum Glück gab es dann aber doch die Empfehlung, dass dieses eine Buch besonders hilfreich sei und es dringend empfohlen wird, sich dieses zu beschaffen. E-Books waren noch lange nicht erfunden und der Handbestand in der Bibliothek, 10 Exemplare für 600 Studierende, war aussichtslos. Man konnte sich allenfalls ein oder zwei Bücher je Fach kaufen, wobei ein faires Preis-Leistungs-Verhältnis dabei besonders wichtig war. Die meisten Professoren haben (natürlich) ihre eigenen Bücher empfohlen und das Bücherregal war rasch dominant im utb-Rot. Der Inhalt passte stets gut zu den Vorlesungen, es gab recht aktuelle Auflagen, die Qualität stimmte und das Preis-Leistungs-Verhältnis war ausgesprochen gut. Nun bin ich seit 18 Jahren selber Professor, seit vielen Jahren Autor bei den zum Glück immer noch roten utb-Büchern und im Jahr 2020 erscheinen zwei Neuauflagen. Und bei der nächsten Buchidee frage ich natürlich auch erstmal die Roten an, denn: sie sind aktuell, die Qualität stimmt und das Preis-Leistungs-Verhältnis ist immer noch gut – es hat sich zum Glück nicht viel verändert.“
Prof. Dr. Ulrich Sailer, Hochschule für Wirtschaft und Umwelt Nürtingen

„Mit utb verbinde ich vor allem die rote Signalfarbe der Bücher, was zu einem hohen Wiedererkennungswert führt. utb begleitete mich bereits durchgehend im Studium und überzeugt mich immer wieder durch sein preisgünstiges Angebot. An utb schätze ich das breite Themenspektrum, die gute Preis-Leistungsrelation der Bücher und die schnelle Aufnahme neuer Themen und Fachbereiche. Veröffentlichungen von utb werden als renommiert und qualitativ hochwertig in der akademischen Welt angesehen. Viele Lehrbücher und Standardwerke haben dort ihre Heimat. utb stellt somit eine der wichtig(st)en Säulen der Hochschulwelt dar. Es ist immer wieder spannend, sich die aktuellen utb-Neuerscheinungen anzuschauen und gleichzeitig entdeckt man gerne neu die Perlen aus dem Bestandskatalog.“
Prof. Dr. Thomas Kessel, DHBW Stuttgart

Vorschau 1971 – 1991 – 2020

Gesamtverzeichnis 1971 – Fachbereichsprospekte 2020

Plakate Jubiläum 1995 – 2020

Plakate

Semesteraktionen Plakate/Postkarten/Lesezeichen 2015–2020

„utb ist seit über 40 Jahren ein Garant für hochwertige Lehrbücher und damit für viele Fachbereiche unverzichtbarer Bestandteil der universitären Lehrausstattung geworden. Besonders schätzenswert ist die Kontinuität und Qualität des angebotenen Portfolios, welches seit einigen Jahren auch digital verfügbar ist.
Als besonderes Highlight präsentiert sich studi-e-book – die utb-Online-Lehrbuchbibliothek, welche den Volltextzugriff auf ca. 1.900 Lehrbücher der Verlagsgemeinschaft bietet.
Wir wünschen utb zum 50-jährigen Bestehen und für die Zukunft alles Gute und sind überzeugt, dass utb als Markenzeichen für Qualität und Service im Bereich Studienliteratur auch weiterhin erfolgreich am Buchmarkt bestehen wird."
Dr. Andreas Janßen, Universtität Hohenheim

„Ich verbinde mit utb auf jeden Fall die Farbe ROT! Die einheitliche Farbe ist kennzeichnend für den Verlag und da weiß man gleich, was man hat. Nämlich fundierte Literatur unter anderem mit vielen Einführungen, die besonders für Studienanfänger sehr gut geeignet sind, aber auch für interessierte Laien. Als Highlights bei utb sehe ich persönlich die Titel, die sich z.B. mit dem Schreiben von Arbeiten befassen, da diese ebenfalls Studierende bei ihrem Prozess unterstützen."
Sophie Bergmann, Universität Innsbruck

„utb-Bücher sind für Studium und Lehre unentbehrlich. Die „Marke" utb ist seit Jahren ein Kriterium für Qualität und hat mit ihrem markanten Wiedererkennungswert einen hohen Stellenwert bei der Buchauswahl durch die Bibliotheksnutzer*innen. So ist das Angebot gerade für kleinere wissenschaftliche Bibliotheken mit hohem Anwendungsbezug für einen guten Bestandsaufbau sehr wichtig."
Christoph Penshorn, Pädagogische Hochschule Heidelberg

„An utb schätze ich besonders die wahrgenommene Nähe und Verbindlichkeit in der Zusammenarbeit. Wer rot liest, ist nicht nur „klüger", sondern wird schnell, gut und wertschätzend beraten und unterstützt."
Prof. Dr. Viviane Scherenberg, APOLLON Hochschule

„Mit UTB verbinde ich sehr liebe, humorvolle und hilfreiche Mitarbeiterinnen, die selbst bei der 5. Frage in einer Woche noch geduldig antworten. Das Programm ist für unsere Bedürfnisse bzw. die unserer Studenten optimal, was sich ja auch in der guten Nutzung niederschlägt; auch wenn die Rechnung (dadurch) jedes Jahr höher ausfällt, könnten wir auf UTB nicht verzichten. Mit dem Service sind wir sehr zufrieden.“
Silja Wolf, Pädagogische Hochschule Ludwigsburg

„Als kleine Universität mit einem dafür sehr breiten Fächerspektrum schätzen wir das Gebührenmodell von utb-studi-e-books sehr, da es uns zu einem fairen Preis erlaubt, unseren Studierenden die jeweils aktuellste Literatur im gesamten Fächerspektrum von UTB anzubieten. Außerdem möchte ich auch gerne den persönlichen, stets umgehend hilfsbereiten Kontakt zu den Mitarbeiter*innen von UTB loben.“
Dr. Christoph Janello, Universität der Bundeswehr München

„Die utb-Reihe hat mich durch mein gesamtes akademisches Leben, das heißt seit Mitte der 1970er Jahre, hindurch begleitet. Sie hat mit ihrer anfangs charakteristischen Nüchternheit mein Verständnis von wissenschaftlichen Lehrbüchern stark geprägt. Als zufriedener Nutzer zahlreicher Bände mit dem schlichten roten, später rot-blauen Einband hätte ich mir damals nicht träumen lassen, selbst einmal Autor eines utb-Lehrbuchs zu werden. Es wird seit einigen Jahren, mittlerweile in der dritten Auflage, in der „utb basics"-Reihe publiziert. Diese kommt mit einem bunteren und didaktisch modernisierten Design daher und ist ein Ausdruck der Wandlungsfähigkeit des utb-Konzepts. Der Aufwand lohnt sich. Die positiven Reaktionen, die ich von Studierenden, Kolleginnen und Kollegen, aber auch von Personen aus dem nichtakademischen Umfeld erhalte, belegen das. Für den Weg in eine sich durch die neuen Medien ständig verändernde, noch buntere und vielfältigere, aber gleichwohl nach wie vor als Printmedium erfolgreiche Zukunft kann man dieser Reihe daher nur das Beste wünschen."

Prof. Dr. Johannes Huinink, Universität Bremen

„utb ist ein mir seit Jahrzehnten bekannter Verlag, dessen Produkte ich immer wieder gerne nutze. In der Hochschulwelt wird utb dadurch wahrgenommen, dass für fast alle Fachrichtungen geeignete Lehrbücher zur Verfügung gestellt werden, die von daher weit verbreitet sind. An utb schätze ich neben den vorzüglichen Inhalten der zahlreichen Lehrbücher ihre Handlichkeit (im Westentaschenformat) und deren klare Erkennbarkeit durch den einheitlichen Markenauftritt mit roter Farbe. Als Autor von sechs Lehrbüchern schätze ich die Zuverlässigkeit insbesondere bei Herstellung und Vertrieb. Auch bin ich dankbar für die erfolgreichen Werbemaßnahmen von utb, die maßgeblich zu deren Verbreitung beigetragen haben. Gäbe es utb noch nicht, müsste diese hervorragende Verlagskooperation erfunden werden!"

Prof. Dr. Dr. Reinhard J. Wabnitz, Hochschule RheinMain

Social Media-Challenge zum Jubiläum

Influencer
Marketing

utb.
Human-Animal
Studies
Manfred Gerlach
UTB

Burkhard Moennighoff
Eckhardt Meyer-Krentler
Arbeitstechniken
Literatur-
wissenschaft
W. Fink UTB

E. Meyer-Krentler
Arbeitstechniken
Literatur-
wissenschaft
5. Auflage

H.J. Knebel
Metatheoretische
Einführung in die
Soziologie

Karl R. Popp
Die offene Gesellschaft und ihre Feinde
I

Wettbewerbspolitik
UTB

Emil oder Über die Erziehung

Das Drama
UTB
Kants „Grundlegung zur Metaphysik der Sitten“

Einführung in die Limnologie
7. Auflage

„utb ist seit meinem Studium ein treuer Begleiter. Eine lange rote Reihe ziert mein Bücherregal, auf der mein Blick immer wieder einen Moment länger verweilt. Der rote Umschlag steht für mich für ‚u' wie unschlagbar, ‚t' wie Tiefe, ‚b' wie Bildung. Ohne ein Vermögen ausgeben zu müssen, bekommt man Fachliteratur, die ins Detail geht, ohne den Leser zu verwirren. Das ist es, was ich am meisten an den utb-Büchern liebe. Ich muss nicht lange beim Bücherkauf überlegen, wenn ich den roten Umschlag sehe, denn ich weiß, was mich erwartet. Da ist dieses Vertrauen, ja sogar Sympathie für den ganzen Verlag. Die große utb-Gemeinschaft, die aus Verlag, Autoren, Mitarbeitern und den Lesern, aus Dozenten, Studenten und Interessierten besteht, harmoniert angenehm und ist zu einem festen Teil in meinem Studienalltag geworden: In meiner Handtasche Academia, an meiner Wand der Studi-Planer, auf meinem Schreibtisch die roten Bücher. Regelmäßig besuche ich den utb-Shop, wenn ich zu einem Thema ein Buch suche und habe natürlich den Newsletter abonniert. Ich bin nie auf einen Verlag mit so viel Charakter gestoßen. Ich bin dankbar ein Teil der utb-Gemeinschaft zu sein und gratuliere von Herzen zum 50. Jubiläum."
Zahrah Kannstein, Hochschule Anhalt

„Ich verbinde mit utb ein großes Angebot und Vielfalt an wissenschaftlicher Literatur, die es schafft, ein fachlich sehr fundiertes Fundament mit gleichzeitiger Beziehung zur Praxis geschickt zu vereinen. Ich schätze sehr die persöhnliche Verbindung, die unkomplizierte Kommunikation als auch die Wertschätzung als Testleserin an all der wunderbaren Literatur teilhaben und auch Rückmeldung geben zu dürfen. Die Stärken des utb-Programms sehe ich darin, dass unterschiedlichste Leser:innen aus den verschiedensten Bereichen und auch aus der Praxis ihre induviduellen Perspektiven und unterschiedlichsten Erfahrungen mit einbringen können. Es bleibt somit immer neben all der wichtigen Theorie der Praxisbezug bewahrt, was ich persönlich als einen wichtigen Punkt ansehe, für Studierende und alle anderen wissenschaftlich Interessierten. Alles in allem bin ich sehr zufrieden und freue mich, immer wieder neu in ein Thema eines neues Werkes eintauchen zu dürfen."
Esther Hummel, Evangelische Hochschule Darmstadt

„Wenn ich an utb denke, fällt mir zuerst die knallig rote Farbe ein. Meine Büchersammlung vom Verlag ist im Bücherregal nicht schwer zu finden. Doch verbinde ich noch viel mehr mit meinem Begleiter durch Studium und Beruf. utb hat mich viel gelehrt – und wird es noch. Ich weiß gar nicht, wie viele Bücher ich schon in mich aufgesogen habe, wie oft ich nachgeblättert und nachgelesen habe. Was ich an den Büchern besonders schätze, ist, dass sie sehr angenehm zu lesen sind und ihren roten Faden nicht verlieren. Ich finde mich sehr gut in den Lehrbüchern zurecht und finde immer die Antwort, die ich suche. Das Testleserprogramm ist mein persönliches Highlight, was mich mit dem Verlag verbindet. Abgesehen von dem geballten Wissen, den interessanten Lektüren und vielen schönen Schmökerstunden, hatte ich stets einen ganz tollen Kontakt zu dem dahinterstehenden Team und fühle mich beinahe, als würde ich ein bisschen dazu gehören. Danke utb!"

Jana B., Psychologische Hochschule Berlin

Der Klügere liest rot.

Studierende

Testleser*in werden

- Newsletter
- Testleser*in werden
- Studiertier fragt
- Online-Bibliothek
- utb-studi-e-book
- studium.utb.de

Dr. Jörg Platiel

Susanne Ziegler

Andrea Euchner

Cornelia Kühner

Tanja Klapputh

50 JAHRE utb.

Stephanie Henke

Lisa Schmid

Sabine Teutsch

Karin Bürkle

Rosaria Bonfiglio

Rebecca Sammet

Obere Reihe v.l.n.r. Werner Kugel (Schöningh), Hr. Lewerich (Dietrich Steinkopff), Dietrich Ruprecht (Vandenhoeck & Ruprecht), H. Schwer (Schattauer), Christof Müller-Wirth (C.F. Müller), Roland Ulmer (Ulmer), Georg Siebeck (Mohr Siebeck), Wulf D. von Lucius (G. Fischer), Volkmar Kalki (utb), Karl Münster (Reinhardt), Edmund Budrich (Leske + Budrich), Walter Kißling (Quelle & Meyer) untere Reihe – sitzend: Carl L. Lang (Francke), Carl Einsele (Birkhäuser), Uli Bruno (Harper & Row), Philipp Reeg (Schattauer)

v.l.n.r Frank Heins (Haupt), Hildegard Wehler (Reinhardt), Karin Werner (transcript), Carola Müller (Vandenhoeck & Ruprecht), Rüdiger Salat (facultas) Barbara Budrich (Budrich), Matthias Ulmer (Ulmer), Andreas Klinkhardt (Klinkhardt), Jörg Persch (Fink/Schöningh), Ursula Heckel (Waxmann), László Simon-Nanko (Mohr Siebeck), Jörg Platiel (utb), Volker Hühn (Ulmer), Jürgen Schechler (UVK), Joachim Höper (wbv), Beate Plugge (Waxmann)

Partnerbibliotheken utb-studi-e-book

Aachen HB
Aachen RWTH
Aalen HS
Aargauer Kantonsbibliothek
Albstadt-Sigmaringen HS,
Amberg-Weiden OTH
Ansbach HS
Aschaffenburg HB
Augsburg UB

Bad Honnef Internationale HS
Bad Liebenzell IHL
Barcelona UB
Basel UB
Bautzen BA
Bayreuth UB
Berlin Alice Salomon HS
Berlin Akkon HS für Humanwiss.
Berlin BSP Business School
Berlin EHB
Berlin HTW
Berlin HU
Berlin HWR
Berlin KHSB
Berlin FU
Berlin TU
Bern FH
Bern UB
Bielefeld FH
Bielefeld FH des Mittelstandes
Bielefeld UB
Bingen TH
Bochum HS
Bochum HSG
Bochum RUB
Bonn ULB
Bonn-Rhein-Sieg HS (St. Augustin)
Bozen FU
Brandenburg TH
Braunschweig TU
Bregenz Vorarlberger Landesbibliothek
Bremen Apollon Hochschule der Gesundheitswirtschaft
Bremen SUB
Breitenbrunn BA

Chemnitz TU
Coburg HS
Cottbus BTU
Clausthal TU

Darmstadt ULB
Deggendorf TH
Dresden BA
Dresden Evangelische HS
Dresden HS für Musik
Dresden HS für Bildende Künste
Detmold Hochschule für Musik
Dornbirn FH Voralberg
Dortmund FH
Dortmund StuLb
Dortmund TU
Dresden HTW
Dresden SLUB
Düsseldorf ULB
Duisburg-Essen UB

Eichstätt UB
Eisenstadt FH Burgenland
Emden HB
Erfurt FH
Erfurt UB
Erlangen-Nürnberg UB
Essen FOM
Esslingen HS

Flensburg ZHB
Frankfurt UB
Frankfurt University of Applied Sciences
Frankfurt (Oder) Europa-Uni Viadrina
Freiberg TU Bergakademie
Freiburg Caritas
Freiburg Katholische Hochschule
Freiburg PH
Freiburg UB
Fresenius-Idstein
Fribourg UB
Friedensau Theologische HS
Friedrichshafen Zeppelin Universität
Fulda Hochschule

Geisenheim University
Gelsenkirchen Westfälische HS
Genf UB
Gera SRH
HS für Gesundheit Gießen JLU
Gießen THM
Glauchau BA Sachsen
Göttingen UB
Graz UB
Graz FH Campus 02 – FH der Wirtschaft
Graz Medizinische Universität
Greifswald UB

Hagen FU
Halle (Saale) UB
Hamburg HAW
Hamburg HCU
Hamburg HfBK
Hamburg HfMT
Hamburg HSU
Hamburg MSH
Hamburg SUB
Hamburg TUHH
Hamm-Lippstadt HS
Hannover HS
Hannover TIB/UB
Heide FH Westküste
Heidelberg PH
Heidelberg SRH
Heidelberg UB
Heidenheim DHBW
Heilbronn HB
Hildesheim HAWK
Hildesheim UB
Horw HSLU

Iserlohn, FH Südwestfalen
Ingolstadt TH
Innsbruck ULB

Jena FH
Jena ULB

Kaiserslautern HS
Kaiserslautern UB
Kamp-Linfort, HS Rhein-Waal
Karlsruhe BLB
Karlsruhe PH
Karlsruhe Inst. für Technologie KIT
Karlsruhe HS HsKA
Karlsruhe DHBW
Kassel UB
Kiel FH
Kiel UB
Klagenfurt AAU
Koblenz-Landau UB
Koblenz HS
Bundesanstalt für Gewässerkunde
Köln KatHO
Köln, Kunsthochschule für Medien
Köln HB
Köln UB
Koblenz- Bundesanstalt für Gewässerkunde
Konstanz HTWG
Konstanz PH
Konstanz UB

Köthen HS Anhalt
Krems Donau- Universität
Kreuzlingen PH Thurgau
Kufstein FH

Landshut HS
Leipzig HHL
Leipzig HTWK
Leipzig UB
Leipzig HS für Musik und Theater
Lemgo HS Ostwestfalen-Lippe
Leoben Montanuniversität
Linz FH
Lörrach DHBW
Ludwigsburg PH
Ludwigshafen HS
Lüneburg UB
Luxembourg UB/Nationalbibliothek
Luzern ZHB
Luzern HSLU

Magdeburg UB
Magdeburg-Stendal HS
Mannheim DHBW
Mannheim HS
Mannheim UB
Mainz HS
Mainz UB
Marburg UB
Merseburg Hochschule
Mittweida
Möckern-Friedensau FH
Mönchengladbach HS Niederrhein
Mühlheim HS
München KSH
München Macromedia HS
München TU
München UB
München UniBW Neubiberg
München BSB
München HS für angewandte Wissenschaft
Münster FH
Münster ULB

Neubrandenburg HS
Neuendettelsau Augustana
Neuulm HS
Nordhausen HS
Nürtingen-Geislingen HfWU
Nürnberg Evang. HS
Nürnberg UB

Offenburg HS
Oldenburg UB
Osnabrück HB
Osnabrück UB

Paderborn UB
Paris, SciencesPo / Campus Nancy
Potsdam Filmuniversität Babelsberg
Pforzheim HS FH,

Rapperswil (FH Ostschweiz)
Ravensburg DHBW
Reutlingen Hochschule
Regensburg OTH
Regensburg UB
Riesa BA
Rosenheim TU
Rostock HS für Musik und Theater
Rostock UB
Rottenburg a. N. HB

Salzburg UB
Saarbrücken SULB
Saarbrücken HTW
Siegen UB
St. Gallen PH
St. Gallen UB
St. Gallen Vadiana
St. Pölten
Schmalkalden HS
Schwäbisch Gmünd PH
Sierre Fachhoschule Westschweiz
Stuttgart DHBW
Stuttgart ELK
Stuttgart HdM
Stuttgart HfT
Stuttgart UB
Stuttgart VWA
Stuttgart WLB

Trier HS
Trier UB
Tübingen UB

Ulm UB

Vechta UB
Villach FH Kärnten
Villingen-Schwenningen DHBW

Weihnstephan HS
Weimar UB
Weingarten HS
Wernigerode- HS Harz
Wien Campus
Wien FH Technikum
Wien Med. Univ.
Wien UB
Wien- Universität für Bodenkultur
Wien- Veterinärmedizinischen Universität
Wien WU
Wiesbaden HfPV
Wiesbaden HS RheinMain
Windisch FH Nordwestschweiz
Winterthur ZHAW
Wismar Hochschule
Wolfenbüttel Ostfalia Hochschule
Würzburg-Schweinfurt HS
Wuppertal Hochschul- und Landeskirchenbibliothek
Wuppertal UB
Würzburg UB

Zittau/Goerlitz,
HS Zürich ETH,
Zürich HFH,
Zürich PH,
Zürich UZH/ZB,
Zwickau, Westsächsische HS

Stand 10/2020

Notizen

Notizen